Jakob P. Hoffmann & Herbert Scheithauer

PARENT MEDIA

Bibliografische Informationen Der Deutschen Bibliothek

Die Deutsche Bibliothek verzeichnet diese Publikation in der Deutschen Nationalbibliografie; detaillierte bibliografische Daten sind im Internet über http://dnb.d-nb.de abrufbar

1. Auflage

www.spatzenschwarm.de

Arbeitsbereich Entwicklungswissenschaft & Angewandte Entwicklungspsychologie
Fachbereich Erziehungswissenschaft und Psychologie
Wissenschaftsbereich Psychologie, Pf 19
Freie Universität Berlin
Habelschwerdter Allee 45
D-14195 Berlin

Die Entwicklung von PARENT MEDIA wurde von der Mobil Krankenkasse im Rahmen des Projektes „Medienhelden in Bayern" gefördert

Wir danken der Mobil Krankenkasse für die Förderung und Zusammenarbeit im Projekt.

Umschlaggestaltung und Satz:
Kay Niebank, Bremen

Korrektorat:
Kay Niebank

Druck:
BoD
Printed in Germany

ISBN: 978-3-939564-56-0

Jakob P. Hoffmann & Herbert Scheithauer

PARENT MEDIA

Manual

Kurz-Programm zum Einbezug der Eltern
in die Prävention von Cybermobbing
und zur Förderung von Medienkompetenz

Unter Mitarbeit von
Leonie-Jasmin Oesterle, Madita Siddique, Maria Stoykova

Spatzenschwarm-Verlag

Inhalt

Vorwort

Liebe Leserinnen, liebe Leser,

mit der fortschreitenden Digitalisierung der Lebenswelten von Jugendlichen werden Lehrkräfte[1] wie Eltern vor große Herausforderungen gestellt. Medienangebote, Apps und Spiele entstehen in einem Tempo, bei dem es schwer ist mitzuhalten, und verlieren teilweise in gleichem Tempo wieder an Popularität. Die Kommunikation zwischen Jugendlichen findet zu einem bedeutsamen Teil über Smartphone und Computer statt und somit außerhalb der unmittelbaren Sichtweite von Erziehungsberechtigten. Wenn Mobbing zu Cybermobbing wird, enden die Übergriffe nicht nach Verlassen des Schulgeländes, sondern können zu Hause, unterwegs und überall sonst die Betroffenen verfolgen. Gerade deshalb braucht es engagierte Lehrkräfte und Eltern, die zusammenarbeiten, um Cybermobbing effektiv entgegenzutreten und eine prosoziale Mediennutzung unter der Jugendlichen zu fördern. In diesem Sinne: Danke, dass Sie sich für das Programm PARENT MEDIA interessieren, das genau diese Zusammenarbeit fördern und unterstützen soll.

► [1] Das Programm PARENT MEDIA richtet sich an verschiedene an Schulen beschäftigte Berufsgruppen wie Lehrer*innen, Schulsozialarbeiter*innen, Erzieher*innen usw. Der Lesbarkeit halber sprechen wir im Manual meist von Lehrkräften. Abgesehen von wissenschaftlichen Studienergebnissen, die sich wenn so beschrieben tatsächlich ausschließlich auf Lehrer*innen beziehen, möchten wir damit aber selbstverständlich alle Leser*innen ansprechen.

Wir wissen, dass Lehrkräften heutzutage vieles abverlangt wird. Neben dem Lehrbetrieb bei häufig eng bemessenen Personal- und Zeitressourcen erfordern Umstellungen z.B. im Bereich der Digitalisierung und zuletzt Maßnahmen zur Bekämpfung der COVID-19-Pandemie zusätzliche Anstrengungen. Da ist es nachvollziehbar, wenn der eine oder die andere denken mag: „Und nun auch noch Elternarbeit?“[2] Tatsächlich weisen wissenschaftliche Untersuchungen darauf hin, dass sich Lehrkräfte in Bezug auf die Umsetzung von Präventionsprogrammen und insbesondere, wenn es um den Einbezug der Eltern geht, nicht ausreichend unterstützt fühlen (Cunningham et al., 2016).

► [2] Wir sprechen im Kontext von PARENT MEDIA bewusst von einer *Zusammenarbeit zwischen Lehrkräften und Eltern*, anstatt den Begriff der *Elternarbeit* zu verwenden. Damit wollen wir zum Ausdruck bringen, dass es weder darum geht die Eltern zu „bearbeiten“ noch, dass die Eltern für die Lehrkräfte arbeiten oder umgekehrt. Vielmehr wollen wir zu einer gegenseitigen Unterstützung und Zusammenarbeit auf Augenhöhe anregen. Mehr dazu im Abschnitt *Die Haltung der 4 A's*.

Vielleicht auch deshalb halten sich leider in Teilen des Schulpersonals hartnäckige „Mythen“ über die Zusammenarbeit mit Eltern. Diesen zufolge sei diese Zusammenarbeit anstrengend, undankbar und zum Scheitern verurteilt, weil die Eltern nicht mitspielen würden und es gäbe weder Ressourcen noch Unterstützung dafür. Selbstverständlich ‚glauben‘ nicht alle Lehrkräfte diese „Mythen“, viele setzen sich seit Jahren engagiert und erfolgreich in der Zusammenarbeit mit Eltern ein.

Den Ergebnissen einer österreichischen Studie zu Folge sind das Interesse und die Bereitschaft, sich gegen Cybermobbing zu engagieren unter Eltern wie Lehrkräften groß (Gradinger et al., 2017). Mit PARENT MEDIA wollen wir die benötigte Anleitung und Unterstützung dabei bieten, eine positive und wirksame Zusammenarbeit aufzubauen, die Eltern in die Prävention von Cybermobbing miteinbezieht und ihnen hilft, prosoziale Mediennutzung unter Jugendlichen zu fördern.

Im Vorliegenden Manual finden Sie die wissenschaftlich-theoretischen Hintergründe für das Programm, eine Beschreibung dessen, was PARENT MEDIA erreichen soll und wie das gelingen kann, sowie eine detaillierte Schritt-für-Schritt-Anleitung für die Durchführung an Ihrer Schule. Wir möchten Sie dabei ermutigen, die Chancen einer Zusammenarbeit mit den Eltern zu nutzen, und bieten Ihnen hierzu mit dem vorliegenden Programm wissenschaftlich fundierte Informationen, Methoden und Materialien.

Viel Freude bei der Umsetzung wünscht

Das PARENT MEDIA Team

Alle begleitenden Materialien zum Manual, Arbeitsblätter, Foliensätze usw. stehen für Sie kostenlos zum Download zur Verfügung! Auf der Internetseite
https://www.medienhelden.info/parentmedia/
finden Sie einen Link zum Herunterladen der gesammelten Materialien.

Wenn Sie dazu aufgefordert werden, geben Sie einfach das Passwort *medien&kompetenz* ein. Dann können Sie die Materialien als .zip Archiv herunterladen. Eine Anleitung zum Entpacken des Archivs finden Sie ebenfalls unter der angegebenen Web-Adresse.

Teil 1 – Hintergrund und Programmbeschreibung

Wissenschaftlicher und theoretischer Hintergrund

Die Rolle der Eltern[1] bei der Mediennutzung von Jugendlichen

Entwicklungsbedingt orientieren sich Jugendliche – im Vergleich zu Kindern – zunehmend weniger an ihren Eltern und mehr an Gleichaltrigen (Fend, 1998; Sasson & Mesch, 2017). Außerdem stehen die Eltern in Bezug auf die Regulierung der Nutzung digitaler Medien und des Online-Verhaltens der Jugendlichen vor Herausforderungen (Clark, 2011; Elsaesser et al., 2017), zum Beispiel durch die zunehmende Individualisierung und Mobilisierung der Internetnutzung durch die Verbreitung von Smartphones oder durch mangelndes Wissen über die neuen Technologien (Midamba & Moreno, 2019). Dennoch spielen die Eltern eine wichtige Rolle bei der Mediennutzung durch die Jugendlichen. Zum einen sind sie gesetzlich verpflichtet und tragen moralische Verantwortung, für ihr Kind zu sorgen, es zu pflegen, zu erziehen und zu beaufsichtigen, um es vor möglichen Gefahren zu schützen, wie aus dem Bürgerlichen Gesetzbuch (§§ 1626, 1627 und 1631) hervorgeht. Diese Verpflichtung gilt auch online und im Umgang mit digitalen Medien und unabhängig von den Vorkenntnissen der Eltern! Zum anderen zeigen wissenschaftliche Erkenntnisse deutlich, dass die Eltern durch ihr allgemeines Erziehungsverhalten aber auch durch den spezifischen Umgang mit Medien maßgeblich beeinflussen, wie die Jugendlichen selbst Medien nutzen und wie sie sich online verhalten. Dies lässt sich am Konkreten Einfluss der Eltern auf die Involvierung der Jugendlichen in Cybermobbing gut veranschaulichen und belegen.

► [1] Wir sind uns bewusst, dass es eine Bandbreite von unterschiedlichen Familien- und Erziehungskonstellationen gibt, in denen Jugendliche heranwachsen. Der Lesbarkeit halber sprechen wir im PARENT MEDIA Programm von Eltern, meinen damit allerdings die Primären Bezugspersonen und Erziehungsberechtigten der Jugendlichen, unabhängig vom Verwandtschaftsgrad.

Cybermobbing

Von Cybermobbing spricht man, wenn über das Internet oder digitale Medien Personen gezielt beleidigt, belästigt, verunglimpf, bedroht oder ausgeschlossen werden und die Vorfälle entweder wiederholt auftreten oder durch ihre Öffentlichkeit als besonders schwerwiegend empfunden werden. Da sich Betroffene oft nur schwer gegen Cybermobbing wehren können, fühlen sie sich häufig hilflos (Nocentini et al., 2010; Smith et al., 2008).

Cybermobbing geht mit teilweise schweren Folgen für Betroffene aber auch für Ausübende einher. Dazu zählen etwa Ängste, Depressionen bis hin zur Suizidalität, psychosomatische Probleme und Verhaltensauffälligkeiten (Kowalski et al., 2014; Marciano et al., 2020; Schultze-Krumbholz & Scheithauer, 2015).

Cybermobbing und „traditionelles" Schulhof-Mobbing überlappen sich. Jugendliche, die in Offline-Mobbing involviert sind, werden häufiger auch Betroffene oder Ausübende von Cybermobbing und umgekehrt (Marciano et al., 2020). Auf Grundlage von Befragungsstudien ist davon auszugehen, dass zwischen 2% (Fischer et al., 2020) und 6% (Kliem et al., 2020; Porsch & Pieschl, 2014) der Jugendlichen in Deutschland sich selbst als Betroffene von regelmäßigem Cybermobbing sehen, allerdings schätzungsweise ein Drittel aller Jugendlichen jemals von Verhalten betroffen waren, das Charakteristika von Cybermobbing aufweist (Porsch & Pieschl, 2014).

Das allgemeine Erziehungsverhalten, mit dem Eltern Einstellungen und Verhaltensweisen ihrer Kinder prägen, wirkt sich auch auf den Umgang der Jugendlichen mit Medien aus. So geht ein autoritativer Erziehungsstil, bei dem Eltern eine zugewandte, unterstützende Haltung einnehmen und zugleich das Verhalten der Jugendlichen mitverfolgen und Kontrollieren, mehreren Studien zu Folge mit weniger Ausübung von Cybermobbing einher (Broll & Reynolds, 2021; Elsaesser et al., 2017; López-Castro & Priegue, 2019; Moreno–Ruiz et al., 2019; Zurcher et al., 2018) und scheint die Jugendlichen auch davor zu schützen, Betroffene von Cybermobbing zu werden (Moreno-Ruiz et al., 2019). Eine autoritäre Erziehung mit hoher Kontrolle bei geringer emotionaler Wärme scheint hingegen Ausübung und Betroffenheit von Cybermobbing zu begünstigen (López-Castro & Priegue, 2019; Martinez et al., 2019; Moreno-Ruiz et al., 2019; Zurcher et al., 2018). Familienzusammenhalt, wahrgenommene familiäre Unterstützung und wahrgenommene Nähe und Vertrauen in der Beziehung zu den Eltern werden in Überblicksarbeiten übereinstimmend als Schutzfaktoren davor genannt, von Cybermobbing betroffen zu sein oder es selbst auszuüben (Elsaesser et al., 2017; López-Castro & Priegue, 2019), und wenn Jugendliche sich gut mit ihren Eltern verstehen sowie wenn diese die Unabhängigkeit und Selbständigkeit der Jugendlichen fördern, kann dies die Auswirkungen von Cybermobbing mildern (DeSmet et al., 2021; Gómez-Ortiz et al., 2018; Sampasa-Kanyinga et al., 2020). Auch das Ausmaß, in dem Eltern offline wie online beaufsichtigen und überwachen (engl. *parental monitoring*) wird mit der Involvierung in Cybermobbing in Verbindung gebracht. In Überblicksarbeiten zeigen sich positive Effekte, sowohl gegen die Ausübung als auch gegen die Betroffenheit von Cybermobbing (Elsaesser et al., 2017; López-Castro & Priegue, 2019).

Körperliche und emotionale Bestrafung sowie ein einschränkender oder manipulierender Umgang mit den Emotionen der Jugendlichen hingegen begünstigen Studien zufolge Cybermobbing und verschlimmern dessen Folgen für Betroffene (DeSmet et al., 2021; Gómez-Ortiz et al., 2018).

Eltern beeinflussen Online-Verhaltensweisen von Jugendlichen also schon alleine dadurch, wie sie generell mit den Jugendlichen umgehen. Besonders eine unterstützende, zugewandte und verständnisvolle Haltung der Eltern kombiniert mit Beaufsichtigung und Kontrolle wirkt wissenschaftlichen Erkenntnissen zufolge präventiv gegen Risikoverhalten, auch online.

Natürlich haben die Eltern aber auch direkten Einfluss darauf, wie Jugendliche Medien nutzen. So bestimmen sie über die Medienausstattung im häuslichen Umfeld und darüber, welche Geräte die Jugendlichen selbst besitzen. Darüber hinaus beeinflusst das spezifische Medienerziehungsverhalten der Eltern, ob sich die Jugendlichen online prosozial Verhalten und in welchem Maße sie Risiken wie z.B. Cybermobbing ausgesetzt sind. Medienerziehung, auch als elterliche Mediation bezeichnet, kann allgemein beschrieben werden als „Interaktionen von Eltern und Kindern über die Nutzung von Medien“ (Pfetsch, 2018, S. 114). Üblicherweise werden mindestens drei Formen von Medienerziehungsverhalten unterschieden: 1) Restriktive Mediation, bei der Eltern den Zugang zu Medieninhalten durch Regeln und Kontrolle beschränken, 2) Co-Nutzung, bei der Eltern bei der Mediennutzung anwesend sind oder Teilhaben, aber nicht zwangsläufig mit den Jugendlichen über die Inhalte diskutieren und 3) aktive Mediation, bei der die Eltern mit den Jugendlichen über Medieninhalte kommunizieren und gemeinsam mit ihnen Regeln zur Mediennutzung festlegen (Eichen et al., 2021; Elsaesser et al., 2017; Pfetsch, 2018; Wright, 2018). Weitere elterliche Mediationsformen umfassen 4) partizipatives Lernen, also gemeinsame Auseinandersetzung mit Medien, bei der Eltern gemeinsam mit den Jugendliche dazulernen (Clark, 2011; Eichen et al., 2021; Pfetsch, 2018) und

5) technische Überwachung, also elterliches Monitoring des Online-Verhaltens der Jugendlichen mittels technologischer Mittel (Pfetsch, 2018).

In Bezug auf die Wirkung der einzelnen Medienerziehungs-Strategien lässt sich festhalten, dass restriktive Mediation zwar geeignet scheint, Mediennutzung und auch damit in Verbindung stehende Risiken zu vermindern (Katz et al., 2019; Pfetsch, 2018), aber auch mit negativen Folgen einhergehen kann, vor allem wenn sie als ausschließliche Strategie genutzt wird (Padilla-Walker et al., 2016; Walch & Sabey, 2020; Wright, 2018).

Bei der Co-Nutzung ahmen Jugendliche elterliches Mediennutzungsverhalten nach und können die elterliche Anwesenheit als stillschweigende Zustimmung zu Medieninhalten (z.B. Gewaltdarstellungen) interpretieren (Pfetsch, 2018). Daher hängt die Wirkung dieser Strategie stark davon ab, wie die Eltern selbst Medien nutzen. Dies erklärt auch eine widersprüchliche Forschungslage (Pfetsch, 2018) zu den Effekten von Co-Nutzung auf Cybermobbing. Hinweise auf positive Effekte liegen in Bezug zur Co-Nutzung von Social-Media-Seiten vor. Wright (2018) fand einen protektiven Effekt der Co-Nutzung von sozialen Netzwerkseiten auf die Betroffenheit von Cybermobbing. Insbesondere ein Freundschafts-Status zwischen Eltern und Jugendlichen auf diesen Seiten schützt einer Studie zufolge davor, von Cybermobbing betroffen zu werden und negative Erfahrungen bei der Nutzung sozialer Netzwerkseiten zu machen (Mesch, 2018).

Wenn Eltern im Sinne aktiver Mediation mit ihren Kindern über Medieninhalte diskutieren, tun sie dies in drei Weisen: Durch Einordnung der medialen Darstellungen, durch positive oder negative Bewertung der Darstellungen und durch Ergänzung um Informationen, die nach Ansicht der Eltern in der Darstellung fehlen (Austin et al., 1999). Aktive elterliche Mediation steht in indirektem positiven Zusammenhang mit prosozialem Verhalten (Padilla-Walker et al., 2016) und geht mit geringerem Ausmaß an aggressivem Verhalten einher, wenn auch die Effektstärken hier klein sind (Pfetsch, 2018). Bezogen auf Zusammenhänge mit Cybermobbing zeigen sich in Überblicksarbeiten der letzten fünf Jahre nahezu ausschließlich Hinweise auf protektive Effekte aktiver elterlicher Mediation (Elsaesser et al., 2017; López-Castro & Priegue, 2019; Pfetsch, 2018), welche als vielversprechendster Ansatz für die Prävention von Cybermobbing durch Medienerziehung angesehen wird (López-Castro & Priegue, 2019).

In Bezug auf partizipatives Lernen als Form elterlicher Medienerziehung liegen bisher zu wenige Forschungsarbeiten vor, um Rückschlüsse auf deren Wirkungen zu ziehen (Pfetsch, 2018).

Jugendliche in ihrem Online-Verhalten zu überwachen, bringt Eltern in einen Konflikt zwischen dem Schutz der Jugendlichen und deren Privatsphäre (Tal & Prebor, 2020). Darüber hinaus fassten Elsaesser et al. 2017 zusammen, dass elterliche Überwachung der Internetnutzung alleine keinen relevanten Schutz vor Cybermobbing zu bieten scheint. Eine größere Rolle zu spielen scheine aber die Bereitschaft der Jugendlichen, von sich aus über ihre Mediennutzung zu sprechen (jugendliche Selbstoffenbarung), hier zeigten sich negative Korrelationen mit Cyberaggression.

Neben dem Erziehungsverhalten im Allgemeinen und in der Medienerziehung spielen auch die Einstellungen der Eltern selbst sowie deren Reaktionen auf Mobbing-Vorfälle eine Rolle. Wenn die Eltern etwa Cybermobbing-Verhaltensweisen rechtfertigen oder gutheißen, überträgt sich diese Haltung auf die

Jugendlichen und führt bei diesen zu vermehrter Ausübung von Cybermobbing (Zych et al., 2020). Unterstützende, relationale Interventionen der Eltern (offener Dialog, Monitoring, Problemlösungsfokus) auf Mobbing-Vorfälle gehen mit weniger Involvierung in Cybermobbing einher (Nappa et al., 2021). Zuletzt sollte auch erwähnt werden, dass es Berichte von Fällen gibt, in denen Eltern selbst die Ausübenden von Mobbing gegen ihre Kinder sind, zum Beispiel indem sie Videos verbreiten, in denen diese in demütigenden Situationen zu sehen sind (Alkhallouf, 2021). Letzteres kommt vermutlich selten vor, zeigt aber, wie groß die Bandbreite Elterlichen Verhaltens im Umgang mit Medien ist.

Zusammengefasst belegen Forschungsergebnisse, dass Eltern eine wichtige Rolle bei der Mediennutzung der Jugendlichen spielen und bedeutsamen Einfluss darauf haben, ob diese in Cybermobbing involviert werden. Als besonders förderlich für prosoziales Mediennutzungsverhalten und protektiv gegen Cybermobbing haben sich erwiesen:

- Eine Haltung elterlicher Wärme, die geprägt ist von Vertrauen, Verständnis für und Interesse an den Bedürfnissen der Jugendlichen
- Die Nutzung von aktiver Medienerziehung in Kombination mit klar kommunizierten und begründeten Regeln und Beschränkungen (restriktive Mediation)
- Klare Positionierung gegen (Cyber-) Mobbing und unterstützende Reaktionen auf Mobbingvorfälle

An genau diesen Schutzfaktoren setzte das Programm PARENT MEDIA an.

Was die Zusammenarbeit zwischen Lehrkräften und Eltern bewirken kann

Wie bereits erwähnt, besteht eine Schwierigkeit dabei, auf Cybermobbing aufmerksam zu werden darin, dass dieses Phänomen die Grenzen des schulischen und privaten Umfelds überschreitet. Eltern können nicht beobachten, was ihre Kinder in der Schule tun und erleben, Lehrkräfte haben meist keinen Einblick in das außerschulische Umfeld der Jugendlichen. Somit ist ein Austausch von Beobachtungen und Informationen unerlässlich, um Cybermobbing effektiv zu erkennen und zu begegnen. Das Schulpersonal hat einen guten Überblick über das Geschehen in der Klasse und erlebt die Dynamik zwischen den Schülerinnen und Schülern. Lehrer*innen können über Angebote die ganze Klasse erreichen sowie auf das Klassenklima einwirken. Eltern hingegen haben Möglichkeiten, in das Mediennutzungsverhalten ihrer Kinder Einblick zu erhalten und dieses zu regulieren. Als engste Bezugspersonen wenden sich Jugendliche eher an sie als an eine Lehrkraft. Ein weiterer Grund, warum Cybermobbing, das vorwiegend außerhalb der Schulzeiten auftritt, für das Schulumfeld relevant ist, besteht darin, dass es häufig von Schulkamerad*innen der Betroffenen ausgeübt wird (Schultze-Krumbholz et al., 2021). Auch gehen Cybermobbing und „klassisches“ Mobbing oft miteinander einher, die Beteiligten und deren Rollen überschneiden sich (Marciano et al., 2020; Petermann & Marées, 2013). Wenn Eltern und Lehrkräfte sich austauschen, ergibt sich ein dichteres Bild der Situation, das es oftmals erst möglich macht, die Vorgänge und deren Beteiligte zu erkennen. Darüber hinaus ist es bei der Reaktion auf Cybermobbing von großer Wichtigkeit, dass Eltern und Lehrkräfte die gleiche Botschaft senden: Cybermobbing wird nicht geduldet, den Betroffenen muss geholfen werden und Maßnahmen werden ergriffen, um das Mobbing zu beenden.

Damit eine solche Zusammenarbeit möglich und zum Vorteil für alle beteiligten Parteien, also Lehrkräfte, Eltern und Jugendliche ist, braucht es ein gemeinsames Verständnis sowohl von Cybermobbing und Problemverhalten als auch von der Ausrichtung der Zusammenarbeit selbst. Beim Aufbau dieser gemeinsamen Basis nehmen Lehrkräfte eine zentrale Rolle ein. Es gilt, die Eltern für dieses Thema zu sensibilisieren, Interesse zu wecken und Angebote zu machen, mit denen die Eltern sich sowohl mit dem Thema Cybermobbing als auch mit ihrer eigenen Rolle bei der Prävention auseinandersetzen können. Darüber hinaus sind Lehrkräfte Ansprechpersonen bei konkreten Vorfällen. Mit PARENT MEDIA möchten wir Lehrkräfte dabei anleiten und unterstützen, die gemeinsame Basis für die Zusammenarbeit zu schaffen, Wissen und Verhaltensoptionen zu vermitteln sowie bei den Eltern Einstellungen und Eigenschaften zu fördern, die prosoziales Medienverhalten unterstützen und Cybermobbing entgegenwirken.

Im folgenden Kapitel erfahren Sie mehr zu den Zielen, den Wirkmechanismen und dem Aufbau von PARENT MEDIA.

PARENT MEDIA – Das Konzept

PARENT MEDIA ist ein Kurz-Programm zur Förderung elterlicher Medienerziehungskompetenz sowie der Zusammenarbeit zwischen Lehrkräften und Eltern gegen Cybermobbing. Die Primäre Zielgruppe von PARENT MEDIA sind Lehrkräfte, die durch ein Training und die Programm-Materialien zur Umsetzung des Programms mit Schüler*innen im Alter von 12 bis 16 Jahren und deren Eltern befähigt werden.

PARENT MEDIA und Medienhelden

PARENT MEDIA eignet sich hervorragend als Ergänzung des Medienhelden-Programms (Schultze-Krumbholz et al., 2021). Medienhelden ist ein wissenschaftlich fundiertes und in seiner Wirksamkeit evaluiertes Präventionsprogramm gegen Cybermobbing und zur Förderung von Medienkompetenz, das Angehörige des Schulpersonals im Rahmen des regulären Unterrichts in den Klassenstufen 7 bis 10 durchführen können.

Da Medienhelden sich primär an die Schüler*innen richtet und PARENT MEDIA die Eltern adressiert, ergänzen sich die Programme optimal. Sie sind hoch kompatibel durch die Verwendung des gleichen wissenschaftlich-theoretischen Unterbaus, ähnlicher Struktur und ähnlicher Methoden.

Für optimale Wirkung empfehlen wir die Durchführung von PARENT MEDIA im Anschluss an das Medienhelden-Curriculum. PARENT MEDIA kann jedoch auch eigenständig eingesetzt werden oder der Implementation von Medienhelden vorausgehen.

Informationen zum Medienhelden-Programm und zur Fortbildung: www.medienhelden.info
Das Unterrichtsmaterial zu Medienhelden kann über den Reinhardt Verlag bezogen werden (ISBN 978-3-497-61426-4).

Eine zentrale Prämisse bei der Entwicklung von PARENT MEDIA war, eine möglichst kompakte und strukturierte Intervention zu entwickeln, deren Umsetzung auch bei knappen zeitlichen und personalen Ressourcen an Schulen realisierbar ist. Zwar haben sich umfangreiche gesamtschulische Ansätze, die auch die Eltern der Jugendlichen miteinbeziehen, in der Prävention von Cybermobbing als durchaus effektiv erwiesen (vgl. z.B. Cross et al., 2016), doch können solche komplexen Programme aufgrund von konfligierenden Verpflichtungen des Schulpersonals oder mangelnder Ressourcen häufig nicht wie vorgesehen umgesetzt werden, was deren Wirksamkeit untergräbt (Beelmann & Karing, 2014; Cross et al., 2016; Cunningham et al., 2016; Durlak & DuPre, 2008). Vor dem Hintergrund empirischer Hinweise darauf, dass auch zeitlich eng umrissene Eltern-Maßnahmen positive Effekte erzielen können (Broll et al., 2013; van Niejenhuis et al., 2020), wurde PARENT MEDIA daher als Kurz-Intervention konzipiert, die sich auf zwei interaktive Themenabende beschränkt und bei Bedarf durch Elterngespräche ergänzt werden können. Durch ein ausführliches Manual und ein vorbereitendes Programm-Training soll der Vorbereitungsaufwand für die Lehrkräfte minimiert werden und beläuft sich auf schätzungsweise ein bis zwei Stunden pro Elternabend über das Training hinaus plus zwei bis vier Schulstunden (je nach Bedarf) zur Vorbereitung mit den Schüler*innen in der Klasse.

Entwicklungsgrundlage Programm-Ziele

Entwickelt wurde PARENT MEDIA auf Grundlage des Intervention Mapping Approach (Bartholomew Eldredge et al., 2016). Hierbei handelt es sich um ein Prozessmodell zur Entwicklung von Programmen zur Verhaltensänderung auf Grundlage theoretischer Überlegungen und empirischer Befunde. Als theoretische Grundlage für die Verhaltensänderung dient, wie z.B. auch im Medienhelden-Programm (Schultze-Krumbholz et al., 2021), die Theorie des Geplanten Verhaltens (Ajzen, 1991, 2002). Diesem Modell zufolge wird das tatsächliche Verhalten einer Person beeinflusst von der Stärke ihrer Intention, das entsprechende Verhalten auszuführen. Diese wiederum hängt ab von den Einstellungen der Person und der wahrgenommenen Verhaltensnorm in ihrem Umfeld. Die Einschätzung der Person, wie groß ihr Einfluss auf das entsprechende eigene Verhalten ist, beeinflusst dem Model zufolge sowohl die Intention als auch das Verhalten selbst. Dieses Modell ist in Abbildung 1 schematisch dargestellt.

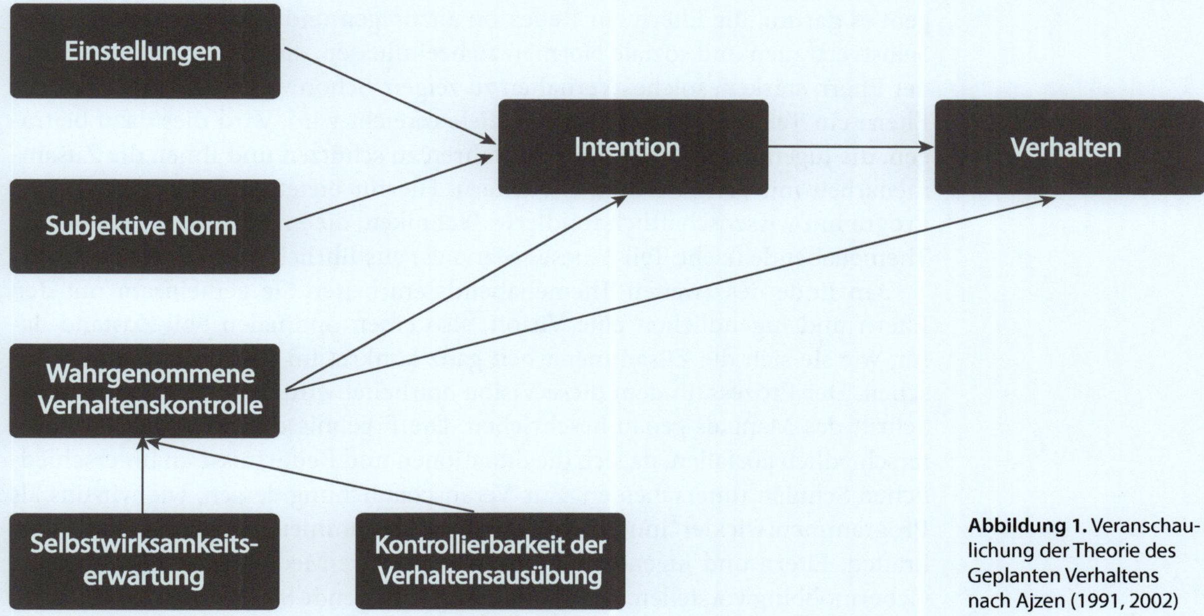

Abbildung 1. Veranschaulichung der Theorie des Geplanten Verhaltens nach Ajzen (1991, 2002)

Die Ziele, die mit PARENT MEDIA erreicht werden sollen, wurden dem ersten Schritt des Intervention Mapping Approach entsprechend aus einer Problem- und Bedarfsanalyse abgeleitet. Zusammengefasst wollen wir mit PARENT MEDIA Ihnen als Lehrkräfte Informationen über die Rolle der Eltern bei der Vorbeugung von Cybermobbing unter Jugendlichen zur Verfügung stellen und Sie dazu ermutigen, sich für eine Zusammenarbeit mit den Eltern einzusetzen. Die Methoden und Materialien des PARENT MEDIA Programms, mit deren Unterstützung Sie die Eltern erreichen, sind darauf ausgelegt, den folgenden Zielzustand bei den Eltern zu fördern:

- Die Eltern verstehen den Wert einer aufmerksamen, zugewandten und die Autonomie der Jugendlichen unterstützenden Haltung in der Medienerziehung.
- Die Eltern wissen um ihre Verantwortung bei der Mediennutzung der Jugendlichen und informieren sich darüber, was die Jugendlichen online tun und mit wem.

- Die Eltern sprechen aktiv und offen mit den Jugendlichen über Mediennutzung und -inhalte. Sie stellen gemeinsam mit den Jugendlichen Regeln auf und kontrollieren deren Einhaltung.
- Die Eltern ermutigen die Jugendlichen, über mögliche negative Online-Erfahrungen zu sprechen. Sie reagieren nicht sanktionierend, sondern empathisch und unterstützend.
- Die Eltern kennen Vorteile und Funktionen digitaler Medien für Jugendliche, aber auch deren Gefahren. Sie wissen, was Cybermobbing ist, erkennen es als relevantes Risiko und lehnen Cybermobbing klar ab.
- Die Eltern sehen sich stärker in der Lage, die Jugendlichen auch Online zu unterstützen und effektiv Risiken wie Cybermobbing zu begegnen
- Die Eltern sind bereit, auf Augenhöhe mit den Lehrkräften zusammenzuarbeiten und haben Vertrauen in diese Zusammenarbeit.

Natürlich wird es nicht möglich sein, diese Ziele komplett und bei allen Eltern zu erreichen. Das ist auch nicht der Anspruch des Programms! Vielmehr geht es darum, die Eltern zur Reflexion anzuregen und Einstellungen, Wissen, Selbstvertrauen und soziale Normen zu beeinflussen, die wiederum die Absicht der Eltern stärken, solches Verhalten zu zeigen. Schon wenn bei einem Teil der Eltern ein Teil der oben genannten Ziele erreicht wird, wird dies dazu beitragen, die Jugendlichen vor Online-Gefahren zu schützen und Ihnen die Zusammenarbeit mit den Eltern zu erleichtern. Hierfür bietet das PARENT MEDIA Programm wissenschaftlich fundierte Techniken, die im Manual für die beiden Themenabende (siehe Teil 2 dieses Manuals) ausführlich beschrieben werden.

Am Ende des zweiten Themenabends erarbeiten Sie gemeinsam mit den Eltern und Jugendlichen eine Vision, also einen optimalen Soll-Zustand dafür, wie sie sich die Zusammenarbeit ganz konkret im Fall Ihrer Schule wünschen. Der Prozess, in dem diese Vision erarbeitet wird, ist im entsprechenden Schritt des Manuals genau beschrieben. Die Ergebnisse können durchaus unterschiedlich ausfallen, da sich die Situationen und Bedürfnisse an unterschiedlichen Schulen unterscheiden. Zur Veranschaulichung dessen, wie wir uns als Programmentwickler*innen eine mögliche Zusammenarbeit zwischen Lehrkräften, Eltern und Jugendlichen für eine positive Mediennutzung und gegen Cybermobbing vorstellen, ist in Abbildung 2 (folgende Seite) ein Beispiel dargestellt, in dem sich die oben beschriebenen Programm-Ziele widerspiegeln.

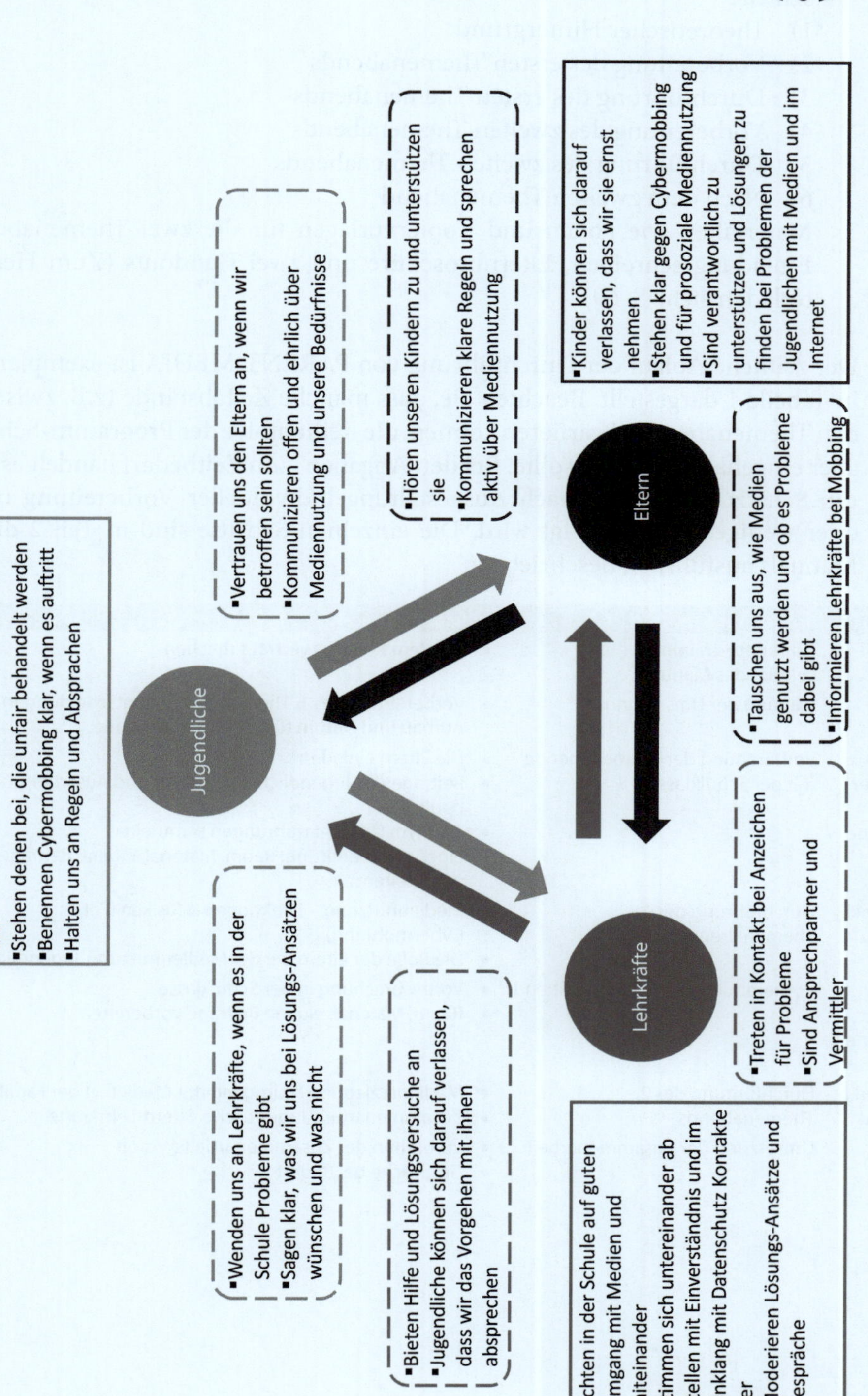

Abbildung 2. Beispiel für eine Zusammenarbeits-Vision

Programmkomponenten und Programmablauf

Das Programm PARENT MEDIA setzt sich aus folgenden Bestandteilen zusammen:

1. Dem Lehrkräfte-Training
2. Dem vorliegenden Programm-Manual mit Anleitung für die Programmschritte
   1) Theoretischer Hintergrund
   2) Vorbereitung des ersten Themenabends
   3) Durchführung des ersten Themenabends
   4) Vorbereitung des zweiten Themenabends
   5) Durchführung des zweiten Themenabends
   6) Nach dem zweiten Themenabend
3. Materialien wie Folien und Kopiervorlagen für die zwei Themenabende Einladungsschreiben, Elternbroschüre und zwei Handouts (Zum Herunterladen siehe S. 69)

Der zeitliche Ablauf der Durchführung von PARENT MEDIA ist exemplarisch in Tabelle 1 dargestellt. Beachten Sie, dass manche Zeitabstände (z.B. zwischen den Themenabenden) variieren können, die Reihenfolge der Programm-Schritte aber eingehalten werden sollte. Bei den Angaben zum Zeitbedarf handelt es sich um Schätzungen, da je nach Ausgestaltung individueller Vorbereitung mehr oder weniger Zeit benötigt wird. Die einzelnen Schritte sind in Teil 2 dieses Manuals ausführlich beschrieben.

Tabelle 1. Exemplarischer Ablauf und Zeitbedarf für PARENT MEDIA

Woche	Zeitbedarf	Programm-Schritt	Inhalte / Themen
1	ca. 4 Stunden	Lehrkräfte-Training Lektüre des Manuals	• Mit dem Konzept vertraut machen
2	ca. 1 Stunde	Planung der Umsetzung	• Vorbereitung des 1. Themenabends: Entscheidungen über Aufbau und Datum für die Themenabende
3-5	ca. 2 x 45 min. + 2 x 20 min. in der Klasse, 2 Stunden eigene Vorbereitung	Vorbereitung der Themenabende mit der Schulklasse	• Die Eltern einladen • Beiträge der Jugendlichen verteilen und Ausarbeitung begleiten • Anonym Online-Erfahrungen sammeln • Eigene Vorbereitung: Raum, Material, eigene Beiträge vorbereiten…
6	ca. 3 Stunden inkl. Auf- und Abbau	Durchführung des 1. Themenabends	• Mediennutzung – Funktionen & Risiken (Fokus: Cybermobbing) • Die Rolle der Eltern bei der Mediennutzung Jugendlicher
7	ca. 30-45 min. in der Klasse 2 Stunden eigene Vorbereitung	Vorbereitung des 2. Themenabends	• Vorbesprechung in der Schulklasse • Raum, Material, eigene Beiträge vorbereiten…
8	ca. 4 Stunden inkl. Auf- und Abbau	Durchführung des 2. Themenabends	• Medienerziehung & Umgang mit Medien in der Familie • Zusammenarbeit Jugendliche-Eltern-Lehrkräfte
Ab 9	20 min. + ?	Umsetzung der Zusammenarbeit	• Verbreiten der Zusammenarbeits-Vision • Gespräche bei Bedarf

Zur Anpassbarkeit des Programms

Da sich die Bedingungen von Schule zu Schule, von Elternschaft zu Elternschaft und von Klasse zu Klasse unterscheiden, wurde PARENT MEDIA so konstruiert, dass Sie als durchführende Lehrkraft einige Anpassungen bei der Auswahl der Methoden machen können. So besteht etwa bei der Vorbereitung des ersten Themenabends die Option, auf die Mitwirkung der Jugendlichen am Themenabend selbst zu verzichten, falls diese nicht realistisch sein sollte. Bei verschiedenen Schritten der Durchführung sind mögliche Erweiterungen oder Alternative Vorgehensweisen beschrieben, damit Sie die Umsetzung an die konkreten Bedingungen vor Ort anpassen können. Wir möchten jedoch unbedingt dazu raten, alle vorgesehenen Schritte und Methoden des Programms durchzuführen. Dies ist wichtig, da die Inhalte aufeinander aufbauen und oft nur in Kombination ihre Wirkung entfalten. PARENT MEDIA ist als möglichst umsetzungsfreundliches Kurz-Programm ausgelegt, dessen Kern sich auf zwei Themenabende und deren Durchführung beschränkt. Daher bleibt wenig Raum für Kürzungen bei den Inhalten. Bei der Vorbereitung des zweiten Themenabends haben wir trotzdem Möglichkeiten vermerkt, wie die Dauer des Themenabends notfalls reduziert werden kann. Dies ist allerdings nur in Fällen sinnvoll, in denen einen Durchführung anders nicht realisierbar oder nur mit großen Einschränkungen bei der (Eltern-)Beteiligung möglich ist. Falls Sie als Lehrkraft der Überzeugung sind, dass in ihrer Klasse bzw. Elternschaft einzelne Methoden oder Materialien nicht geeignet sind (z.B. wegen Sprachbarrieren), sollten sie jedoch lieber Änderungen vornehmen, als den entsprechenden Schritt ganz zu streichen. Verzichten Sie jedoch nicht auf die interaktiven Elemente (z.B. Meinungslinien, Diskussionen, Familien-Dialog), auch wenn diese anspruchsvoll erscheinen. Diese Elemente sind gemeinsam mit dem Betrachten von Mediennutzung aus der Perspektive der Jugendlichen, von Experten und Eltern und dem respektvollen Austausch über diese Sichtweisen ein Kernelement für die Wirksamkeit von PARENT MEDIA.

Praktische Tipps und Hinweise zur Kommunikation mit Eltern und eine Haltung, die eine stressfreiere Zusammenarbeit ermöglichen kann, sind im folgenden Abschnitt beschrieben.

Praktische Tipps und Hinweise zur Zusammenarbeit mit Eltern

Großen Einfluss darauf, wie gut die Zusammenarbeit funktioniert, aber auch darauf, wie beide Seiten sie erleben, hat die Haltung, mit der man diese Zusammenarbeit angeht. Die Zusammenarbeit im Sinne des PARENT MEDIA Programms gelingt am besten, mit der *Haltung der 4 A's*, deren Bestandteile und Vorteile an dieser Stelle erläutert werden sollen.

Die Haltung der 4 A's

Die vier A's der Haltung sind: Augenhöhe, Akzeptanz, Anerkennung und Annahme.

Die Begegnung auf *Augenhöhe* bedeutet, dass es bei PARENT MEDIA nicht darum geht, die Eltern zu „belehren" oder gar zu „erziehen". Dieser Versuch wäre auch zum Scheitern verurteilt, da eine solche Herangehensweise eher zu Widerständen und Ablehnung führt. Genauso wenig sind Sie als Lehrkraft ein „Dienstleister" für die Eltern, der dafür zu sorgen hat, ihre und die Probleme ihrer Kinder zu lösen – möglichst noch ohne jedes Zutun seitens der Eltern. Vielmehr sieht PARENT MEDIA vor, dass Sie den Eltern eine gleichberechtigte Zusammenarbeit anbieten, bei der beide Seiten ihr Wissen und ihre Einflussmöglichkeiten auf die Jugendlichen nutzen – mit dem gemeinsamen Ziel, deren Mediennutzungsverhalten positiv und sicher zu gestalten.

Gerade bei Themen der Erziehung oder der Bewertung neuer Technologien gehen die Meinungen stark auseinander. Zusammenarbeit kann also nur gelingen, wenn es *Akzeptanz* für unterschiedliche Ansichten gibt. Es wird und es darf unterschiedliche Einstellungen und Herangehensweisen geben. Der Anspruch von PARENT MEDIA ist nicht, dass sich am Ende alle in allen Punkten einig sind. Selbstverständlich gibt es auch Verhaltensweisen, die nicht akzeptiert werden können, wie z.B. Mobbing, diskriminierende oder beleidigende Aussagen. In solchen Fällen bezieht sich die Akzeptanz auf die Person, die das Verhalten zeigt, nicht auf deren Taten. Mehr dazu im Abschnitt *Was tun, falls es zu Konflikten kommt?*

Die Stärke der Zusammenarbeit zwischen Eltern, Lehrkräften und Jugendlichen gegen Cybermobbing und für prosoziale Mediennutzung liegt darin, dass alle drei Gruppen ihre Fähigkeiten, Einflussmöglichkeiten und Expertise zusammenbringen. Daher ist es wichtig, dass die jeweiligen Stärken und Expertisen *Anerkennung* erhalten. Das Wissen der Jugendlichen über Möglichkeiten bei der Mediennutzung oder das Fachwissen eines Rechtsanwalts in der Elternschaft sind keine „Bedrohung" ihrer Position als Moderator*in der Themenabende, sondern Ressourcen, die einbezogen werden können. Sie als Lehrkraft bringen zum Beispiel didaktische Kenntnisse, Beobachtungen der Jugendlichen im Schulalltag und das spezifische Wissen aus dem PARENT MEDIA Programm mit. Darauf können Sie zurückgreifen und ggf. verweisen.

Der letzte Aspekt der Haltung der 4 A's ist die *Annahme*, dass Zusammenarbeit mit den Eltern *aussichtsreich* und *ausführbar* ist. Wenn Sie selbst mit Zuversicht an die Umsetzung heran gehen, sind die Chancen gut, dass sich dies auf die Eltern überträgt. Die eigenen Erwartungen beeinflussen maßgeblich, wie man sich im Umgang mit anderen verhält und somit auch das Ergebnis. Wie im Vorwort erwähnt, ist wissenschaftlichen Erkenntnissen zufolge das Interesse der Eltern an Cybermobbing-Prävention groß (Gradinger et al., 2017). Auch wenn Sie vermutlich nicht alle Eltern werden erreichen können, sind die Erfolgsaussichten also durchaus positiv.

Indem Sie die hier beschriebene Haltung der 4 A's einnehmen und den Eltern auf deren Basis ein Angebot zur Zusammenarbeit machen, schaffen Sie eine solide Grundlage für einen respektvollen und angenehmen Umgang miteinander. In den Instruktionen zu den einzelnen Schritten der Themenabende wird immer wieder auf Aspekte der 4-A-Haltung verwiesen. Somit werden auch die Eltern dazu angeregt, diese Haltung einzunehmen.

Was tun, falls es zu Konflikten kommt?

Auch wenn PARENT MEDIA so ausgelegt ist, dass eine möglichst kooperative und wertschätzende Zusammenarbeit von Anfang an gefördert wird, kann es passieren, dass in Einzelfällen durch kontroverse Aussagen, emotionale Forderungen oder Vorwürfe von Teilnehmenden Konflikte entstehen. Sollte dies vorkommen, ist einer solchen Störung unbedingt Priorität einzuräumen! Wenn Sie oder andere Teilnehmende sich angegriffen oder unwohl fühlen, ist es wichtig, dies aufzulösen, bevor das Gespräch bzw. das Programm fortgesetzt wird. Folgende Hinweise können dabei helfen, einen aufkommenden Konflikt schnell wieder aufzulösen.

- Bewahren Sie selbst die Ruhe.
- Pausieren Sie die Übung / das Gespräch und sprechen Sie offen und sachlich an, was Sie beobachten z.B. „Ich habe den Eindruck, dass sich XY mit dieser Aussage unwohl fühlt. Kann das sein?“ oder „Wenn Sie so abwertend darüber reden, fühlt sich das nicht richtig für mich an.“
- Fragen Sie nach, wie als unangemessen wahrgenommene Formulierungen tatsächlich gemeint sind. Worum geht es der jeweiligen Person dabei?
- Suchen Sie nach Gemeinsamkeiten. Erkennen Sie Bedürfnisse und Gefühle an. Im gleichen Zug können Sie vorwurfsfrei Ihre eigene Position bekunden. Z.B. „Ich verstehe, dass Sie solches Verhalten wütend macht. Sie haben Recht, dass das nicht fair ist. Aber den Begriff „idiotisch“ finde ich unangemessen und verletzend.“
- Verweisen Sie auf ggf. allgemeine Regeln des gesitteten Umgangs: Verhalten und Positionen können kritisiert werden, aber Personen und deren Bedürfnisse müssen akzeptiert werden.

Diese Ratschläge gelten sowohl für die Diskussionen an den Themenabenden als auch für Elterngespräche und Gespräche mit Jugendlichen. Sie können helfen, Missverständnisse schnell zu beenden und aufkommende Konflikte zu entschärfen. Es sollte jedoch auch erwähnt werden, dass Sie nicht auf jeden Kommentar eine Antwort, nicht für jede Situation eine Lösung haben müssen. Insbesondere wenn sich bei Mobbing-Vorfällen Fronten verhärten oder Personen nicht bereit sind, auf wertschätzender Basis zusammenzuarbeiten, kann es notwendig sein, externe Hilfe hinzuzuziehen. Sollte ein solcher Fall eintreten, können Sie innerhalb des Kollegiums Unterstützung suchen, den Schulpsychologischen Dienst hinzuziehen oder an eine Beratungsstelle verweisen, z.B. an die Online-Beratung für Eltern und Jugendliche der Bundeskonferenz für Erziehungsberatung e.V. (https://www.bke.de/fachinfos/onlineberatung). Folgende Adressen und Kontaktdaten sind auch in der PARENT MEDIA Elternbroschüre enthalten:

Informationen für Eltern

Klicksafe
Auf den Webseiten der EU-Initiative Klicksafe gibt es Informationen und Material zu vielen zentralen Themen bei der Medienerziehung. Unter anderem auch eine ausführliche Broschüre zu Cybermobbing.

SCHAU HIN! Was Dein Kind mit Medien macht
Der Medienratgeber für Familien informiert Eltern und Erziehende über aktuelle Entwicklungen der Medienwelt und Wissenswertes zu den verschiedensten Medienthemen, zum Beispiel Smartphone & Tablet, soziale Netzwerke, Games, Apps, Medienzeiten und Streaming.

Hilfe für Jugendliche

Juuuport
Hilfe bei Cybermobbing, WhatsApp-Stress & Co. Online-Beratung von jungen Leuten für junge Leute.

jugend.support
jugend.support ist ein Rat- und Hilfeangebot für Kinder ab 10 Jahren und Jugendliche. Es soll Jugendliche unterstützen, wenn sie Probleme oder Stress im Netz haben.

Telefonische Beratung für Jugendliche & Eltern
bei allen Sorgen und Problemen, anonym und kostenlos:

Elterntelefon: 0800 – 111 0 550 (Mo - Fr 9 bis 17 Uhr, Di und Do bis 19 Uhr)
Kinder- und Jugendtelefon: 116 111 (Mo - Sa 14 Uhr bis 20 Uhr)

Teil 2 – Programm-Manual

Vorbereitungen vor dem ersten Themenabend

Nachdem Sie sich mit der Theorie und dem Aufbau von PARENT MEDIA vertraut gemacht haben, geht es nun daran, die Umsetzung vorzubereiten. Hierzu lesen Sie zunächst den vorliegenden Abschnitt Der *erste Themenabend* in diesem Manual. Anschließend bereiten Sie mit den Schülerinnen und Schülern die zwei Themenabende für die Eltern vor (siehe Schritte Vorbereitung 1.1 bis 1.5), laden die Eltern ein (Schritt Vorbereitung 1.6) und führen anschließend Themenabend 1 und 2 durch. Mit der Vorbereitung sollten Sie mindestens vier Wochen vor der geplanten Durchführung des ersten Themenabends beginnen!

Vorbereitung 1.1: Mit Methoden und Material vertraut machen

Lesen Sie das gesamte Kapitel zum ersten und zweiten Themenabend einmal durch. Verschaffen Sie sich einen Überblick über die Methoden und Inhalte, die für die Themenabende vorgesehen sind. Dieser erste Schritt ist unerlässlich für den folgenden.

Vorbereitung 1.2: Planung des 1. Themenabends

Sie als Lehrkraft kennen die Schülerinnen und Schüler, die Eltern und deren Kenntnisstand zum Thema Medien und Cybermobbing am besten. Daher entscheiden Sie zunächst über folgende zwei Punkte:

A: Können einzelne Schritte des 1. Themenabends übersprungen werden?

Falls sie bereits das Medienhelden-Curriculum durchgeführt haben, können eventuell die Schritte 2.2 / 2.3 (Funktionen und Risiken digitaler Medien aus Sicht der Jugendlichen) sowie 3.3 (Die Rolle der Eltern bei der Mediennutzung aus Sicht der Jugendlichen) übersprungen werden, wenn am von den Schüler*innen organisierten Elternabend hierzu schon Schülervorträge gehalten wurden. Wenn Sie den Eindruck haben, dass die Jugendlichen hierzu bereits zu Wort kamen und die Eltern Bescheid darüber wissen, können Sie diese Methoden auslassen. Die Schritte 2.4 und 3.2 fungieren dann als Rekapitulation. Beziehen Sie auch in Ihre Überlegung mit ein, wie lange der Medienhelden-Elternabend schon zurück liegt. Im Zweifel empfehlen wir die Durchführung aller in PARENT MEDIA vorgesehenen Methoden. Sie können jedoch am besten einschätzen, ob eine eventuelle Doppelung der Inhalte eher nützlich oder schädlich wäre.

B: Sollen am ersten Themenabend Schüler*innen und Schüler anwesend sein und selbst Inhalte beitragen?

Wir raten dazu, die Schüler*innen in die Durchführung des ersten Themenabends einzubeziehen. Dies erhöht nicht nur die Motivation der Eltern, zum Themenabend zu kommen, sondern auch die Überzeugungskraft der Inhalte sowie die Selbstwirksamkeit der Jugendlichen. Für den Fall, dass Sie bei Entscheidung A die Wahl getroffen haben, dass die Inhalte nicht erneut von den Schüler*innen vorgestellt werden sollten, oder wenn Sie den Eindruck haben, dass es die Fähigkeiten der Schüler*innen auch nach einiger Vorbereitung im Unterricht (siehe dazu Vorbereitung 1.4) übersteigt, an einem Elternabend konstruktiv mitzuwirken und eigene Ergebnisse zu präsentieren, ist es auch möglich, auf die Anwesenheit der Schüler*innen zu verzichten. In diesem Fall würden Sie bei Schritt 2.3 bzw. 3.3 im Unterricht von den Schüler*innen erarbeitete Ergebnisse vorstellen, wenn die Inhalte noch nicht oder nicht ausreichend auf einem Medienhelden-Elternabend beleuchtet wurden.

Vorbereitung 1.3: Termine für die Themenabende festlegen

In diesem Schritt legen Sie fest, zu welchem Datum und zu welcher Uhrzeit Sie den ersten Themenabend durchführen wollen. Planen Sie dabei mit ein, dass Sie vor der Veranstaltung etwas Zeit benötigen, um den Raum und verwendete Technik einzurichten. Die Dauer des ersten Themenabends beträgt ca. 2 Stunden und 25 Minuten.

Auch für den zweiten Themenabend setzen Sie hier schon einen Termin an, um die Eltern direkt auf dem Handout am Ende des ersten Themenabends dazu einladen zu können. Der zweite Themenabend sollte nicht später als maximal drei Wochen nach dem ersten stattfinden, damit die Inhalte des ersten Termins noch möglichst präsent sind und daran angeschlossen werden kann. Durch die Länge des zweiten Themenabends von ca. 3 Stunden und 10 Minuten empfiehlt sich ein Freitagabend oder ein Tag vor einem Feiertag.

Vorbereitung 1.4: Vorbereitung der Inhalte im Unterricht

Drei bis vier Wochen, bevor Sie den ersten Themenabend durchführen wollen, beginnen Sie die Inhalte für die Schritte 2.2 / 2.3 und 3.3 des ersten Themenabends sowie Schritt 2.3 bzw. 2.4 des zweiten Themenabends im Unterricht vorzubereiten. Die Schüler*innen sollen in Gruppen Beiträge zu folgenden Themen erarbeiten. Falls Sie sich gegen eine Beteiligung der Schüler*innen am ersten Themenabend entschieden haben, entfallen die ersten beiden Punkte.

- Vorteile und Risiken digitaler Medien (für Schritt 2.2 / 2.3 am TA 1)
- Die Rolle unserer Eltern bei unserer Mediennutzung (für Schritt 3.3 am TA 1)
- Das wünschen wir uns für den Umgang mit Medien in der Familie (für Schritt 2.3 / 2.4 am TA 2)

Planen Sie hierfür mindestens eine Schulstunde für die Themenwahl und Organisation sowie zwei Weitere für die Vorbereitung der Vorträge ein.

Vorbereitung 1.4.1: Schulstunde / Einführung zum Thema

Falls Sie mit den Schüler*innen noch nicht über Medienkompetenz oder Cybermobbing gesprochen haben (z.B. im Rahmen des Medienhelden-Programms) finden Sie im *Material V3 Methodenvorschläge* Anregungen für eine Schulstunde zu diesen Themen. Diese können Sie als Vorbereitung vor dem Einteilen der Gruppen für die Themenabende durchführen und als Einstieg in das Thema nutzen. Wenn Sie den Themenkomplex bereits behandelt haben, kann dieser Schritt übersprungen werden.

Vorbereitung 1.4.2: Ankündigung und Besprechung der Themenabende

Berichten Sie den Schüler*innen von den bevorstehenden Themenabenden (oder ggf. dem zweiten Themenabend), an denen sie gemeinsam mit ihren Eltern teilnehmen werden. Einige Jugendliche finden die Vorstellung, gemeinsam mit ihren Eltern an der Veranstaltung teilzunehmen, zunächst eventuell komisch. Sie können ihnen erklären, dass es bei dem Themenabend darum geht, den Eltern auch die Sichtweise der Jugendlichen zu vermitteln und gemeinsam den für alle besten Weg zu finden, mit Medien umzugehen und gegen Cybermobbing vorzugehen. Die Schüler*innen sollen nicht nur passiv zuhören, sondern als Expert*innen für ihre eigenen Bedürfnisse am Findungsprozess teilhaben.

Falls die Stimmung in der Klasse in Bezug auf den gemeinsamen Themenabend kritisch ist und Sie die Zeit dafür haben, können Sie mit den Schüler*innen deren Erwartungen und Befürchtungen sammeln. Was soll auf keinen Fall passieren an diesem Themenabend? Was wünschen sie sich? Allein auf diese Weise gehört zu werden und darüber sprechen zu können kann viel dazu beitragen, Vorbehalte abzubauen und die Bereitschaft zur Mitwirkung zu erhöhen. Wenn eventuelle Vorbehalte ausgeräumt sind, beginnen Sie mit der Einteilung in die Gruppen.

Vorbereitung 1.4.3: Erarbeitung der Gruppenbeiträge für die Themenabende

Tipp: Das Vorgehen hierbei ist analog zur Vorbereitung des Medienhelden-Elternabends (Curriculum Modul VII) – Sie können für weitere Hinweise im entsprechenden Manual-Kapitel nachlesen, falls Sie auch mit Medienhelden arbeiten.

Im ersten Schüler*innen-Beitrag (Gruppe 1) sollen die Jugendlichen den Eltern vermitteln, warum digitale Medien für sie wichtig sind. Zugleich sollen sie ihr Wissen über Gefahren bei der Nutzung digitaler Medien demonstrieren. Hiermit bieten die Schüler*innen den Eltern eine differenzierte Sichtweise auf digitale Medien an und fungieren dabei als Modell für die Haltung ihrer Eltern. Darüber hinaus erleben die Schüler*innen Selbstwirksamkeit, indem sie bewirken können, dass die Eltern ihre Sichtweise wahrnehmen und ernstnehmen. Der Titel des Vortrags kann natürlich auch anders lauten, z.B. „Wofür wir digitale Medien nutzen und welche Risiken wir kennen“ oder wie die Schüler*innen es für sinnvoll halten. Lassen Sie den Schüler*Innen Freiraum bei der Wahl der konkreten Inhalte und der Präsentationsform (Flipchart? Plakat? PowerPoint-Folien? etc.). Ihre Rolle besteht darin, darauf zu achten, dass die Inhalte relevant und im zeitlichen Rahmen (8 Minuten Vorstellung) bleiben. Stellen Sie Materialien zur Verfügung und helfen Sie den Gruppen ggf. bei der Organisation.

Idee: Teil des Vortrags für Schritt 2.2 bzw. 2.3 des ersten Themenabends könnte sein, dass zusammengefasste Ergebnisse der Erhebung von Mediennutzungsverhalten in der Klasse präsentiert werden. Falls Sie das Medienhelden-Curriculum durchgeführt haben, wurde eine solche Erhebung bereits durchgeführt. Die Schüler*innen (oder Sie) könnten dann z.B. berichten, wie viele Stunden pro Woche in dieser Klasse Medien durchschnittlich genutzt werden oder in welchem Rahmen sich die Angaben dazu bewegen. Auch besonders beliebte Medienangebote oder andere Ergebnisse der Befragung können berichtet werden. Wichtig dabei ist, dass explizit erwähnt wird, dass es sich um Angaben der Jugendlichen selbst handelt, die nur die Situation in dieser Klasse widerspiegeln.

Eine zweite Gruppe übernimmt das zweite Thema für Schritt 3.3. Hierbei sollen die Schüler*innen überlegen, welche Rolle ihre Eltern aus ihrer eigenen Sicht bei ihrer Mediennutzung einnehmen sollten. Dabei geht es noch nicht um konkrete Verhaltensweisen (wie z.B. Das Handy abends einsammeln) sondern um gröbere Aufgaben wie „Grenzen setzen" oder „Für die Sicherheit des Computers sorgen". Diese Darstellung aus Sicht der Jugendlichen kann für die Eltern überraschend sein. Einige Eltern erwarten nicht, dass sich viele Kinder und Jugendliche tatsächlich wünschen, dass die Eltern ihrer Mediennutzung Grenzen setzen. Mit ihrem Vortrag regen die Jugendlichen die Eltern an, über ihre Rolle zu reflektieren. Gehen Sie bei der Vorbereitung so vor, wie auch in Bezug auf das erste Thema: Überlassen Sie den Schüler*innen das Ruder, greifen Sie eher moderierend und unterstützend ein.

Eine dritte Gruppe an Schüler*innen bereitet für den zweiten Themenabend ein Theater-Rollenspiel vor, in dem dargestellt wird, was sie als Jugendliche sich für den familiären Umgang mit Medien wünschen. Das heißt, die die Jugendlichen stellen eine oder mehrere Szenen dar, in der sie in die Rolle von Jugendlichen und Eltern schlüpfen und vorspielen, wie eine Interaktion zu Hause aussehen könnte. Die genauen Inhalte können von den Jugendlichen variabel gestaltet werden. Denkbar sind z.B. die Gegenüberstellung einer schlechten und einer guten Interaktion über Medien, ein Konflikt mit Auflösung oder eine kurze Geschichte. Die Länge der Szene(n) sollte allerdings acht Minuten nicht überschreiten. Die einzelnen Gruppenmitglieder können sich z.B. als Drehbuchautor*innen, Ansager*innen oder Darsteller*innen beteiligen. Ihr Aufgabe besteht darin, die Jugendlichen wo nötig zu unterstützen, den Prozess zu strukturieren und die Umsetzbarkeit des Vorhabens im Auge zu behalten. Wichtig ist, dass niemand gezwungen wird, vor versammelten Eltern und Jugendlichen aufzuführen oder eine Rolle zu übernehmen bzw. in der Rolle etwas zu tun, was er oder sie nicht möchte.

Falls Sie der Ansicht sind, dass die Erarbeitung und Aufführung eines solchen Mini-Theaterstücks die Jugendlichen in ihrer Klasse überfordern würde oder aus anderen Gründen nicht durchführbar ist, kann stattdessen auch eine andere Präsentation über das Thema erarbeitet werden. Wir würden jedoch dazu raten, das Rollenspiel zu nutzen, wenn dies möglich ist. Diese Methode bietet den Schüler*innen besonders große kreative Entfaltungsspielräume, sogt für eine lockere Atmosphäre auf dem Themenabend und kann den Eltern in humorvoller Weise den Spiegel vorhalten. Eine solche bildliche Darstellung der Wünsche der Jugendlichen wirkt oftmals besser als eine vergleichsweise trockene Präsentation.

Vorbereitung 1.4.4: Sammeln anonymer Erlebnisse zur Veranschaulichung für die Eltern

Außerdem bitten Sie die Jugendlichen in einer Schulstunde, anonym negative Erlebnisse, die sie schon im Internet gemacht haben, auf einen Zettel zu schreiben. Diese Berichte (jeweils nur 1 bis 3 Sätze), sind dazu gedacht, in einer Präsentation am ersten Themenabend anonym den Eltern vorgestellt zu werden, um diesen anschaulich vor Augen zu führen, welche Risiken ganz real im Netz lauern. Sie können diese freiwilligen Berichte auch als Hausaufgabe am Computer tippen und ausgedruckt in die Schule mitbringen lassen, wo die Schüler*innen die Zettel in eine Box werfen, um Anonymität sicherzustellen. Wählen Sie bis zu fünf der kurzen Beiträge aus und tragen Sie diese auf der entsprechenden Folie des Foliensatzes Material TA1-3_1 ein. Nehmen Sie eventuell leichte Veränderungen am Wortlaut vor, wenn Hinweise auf die Identität der Betroffenen enthalten sind. Dass es sich um reale Erlebnisse aus dieser Klasse handelt, macht die Berichte für die Eltern sehr viel eindrücklicher, als wenn vorgefertigte Beispiele verwendet werden würden.

Vorbereitung 1.5: Raum reservieren

Reservieren sie einen in Bezug auf die Größe (Anzahl der Eltern + ggf. Schüler*innen Gruppen) passenden Raum. Für die Methoden von PARENT MEDIA ist es erforderlich, dass in einem solchen Raum auch die Stühle und eventuelle Tische beiseite gestellt werden können, um einen Kreis in der Mitte freizumachen, in dem sich alle Anwesenden aufstellen. Darüber hinaus sollten Sie darauf achten, dass es möglich ist, in dem entsprechenden Raum einen Laptop/PC mit Beamer zu nutzen und Whiteboard/Tafel und oder Flipchart zur Verfügung zu stellen.

Falls möglich, reservieren Sie an dieser Stelle auch bereits einen Raum für den zweiten Themenabend. Dieser sollte groß genug sein, dass alle Schüler*innen und Eltern der Klasse gemeinsam darin Platz finden. Ebenso sollten wie für den ersten Themenabend die Ausstattung für Präsentationen und die Möglichkeit zum Schaffen einer Freifläche bzw. Bühne bestehen.

Vorbereitung 1.6: Die Eltern einladen

Um die Eltern zum ersten Themenabend einzuladen, können Sie das vorbereitete Einladungsschreiben (Material V2 Einladungsschreiben TA1) nutzen. Drucken Sie diese möglichst in Farbe aus, tragen Sie Ort, Datum und die Klasse ein und unterzeichnen Sie das Schreiben. Dann können Sie Kopien für alle Schüler*innen anfertigen und ihnen die Einladung mit nach Hause geben. Dies machen Sie am besten zwei Wochen vor dem geplanten Themenabend.

Vorbereitung 1.7: Sich auf eigene Beiträge vorbereiten

Machen Sie sich nun mit den Foliensätzen TA1-1_1, TA1-2_4 und TA1-3_1 vertraut, die Sie alle in der Präsentationsdatei finden (Hinweise zum Download auf S. 69). Lesen Sie die Folien und bereiten Sie sich so auf diese Inhalte und die Überleitungen vor, dass Sie diese sicher beherrschen. Entscheiden Sie, ob Sie den Ablauf des Abends anhand von einer Folie aus TA1-1_1 vorstellen wollen, oder ob Sie lieber ein eigenes Flipchart, Tafelbild oder eine Folie machen. Fertigen Sie diesen eigenen Ablauf ggf. an.

Vorbereitung 1.8: Materialien organisieren

Folgende Materialien brauchen Sie für den ersten Themenabend:

- PC/Laptop + Beamer + ggf. Ton
- Whiteboard + Marker oder Tafel + Kreide oder Flipchart + Stifte
- Die Foliensätze TA1-1_1, TA1-2_4 und TA1-3_1 aus dem Material-Ordner (Alle in der PARENT MEDIA Präsentation in einer Datei enthalten) als .ppt und PDF (als Notfalllösung falls sich .ppt nicht öffnen lässt) auf einem USB-Stick
- Die Extrempol- und Szenario-Karten zur Meinungslinie (Material TA1-2_6) ausgedruckt, sowie eine Rolle Klebeband
- Handout 1 (Material TA1-4_2) in ausreichender Anzahl für die Eltern. Tragen Sie hier Datum, Uhrzeit und Ort des zweiten Themenabends ein, bevor Sie das Blatt für alle Eltern kopieren.
- Eventuelle Foliensätze, Plakate oder andere Materialien für die Vorträge der Schüler*innen
- Eventuell Ihren eigenen vorbereiteten Ablauf

Vorbereitung 1.9: Am Tag des 1. Themenabends

Kommen Sie rechtzeitig zum Raum, um ggf. noch Stühle zu organisieren und die Technik einzurichten. Testen Sie, ob die Foliensätze funktionieren.

Der erste Themenabend

Der erste Themenabend hat eine ungefähre Dauer von 2 Stunden und 25 Minuten, in denen den Eltern eine differenzierte Sicht auf das Mediennutzungsverhalten der Jugendlichen angeboten wird. Die Eltern erfahren aus Sicht der Jugendlichen, warum digitale Medien so wichtig für sie sind, aber auch, wo deren Gefahren liegen. Darüber hinaus werden die Eltern angeregt, über ihre Verantwortung beim Schutz der Jugendlichen im Umgang mit Medien und über ihre Rolle bei deren Mediennutzung zu reflektieren. Das wichtigste Ziel des Themenabends ist, dass sich die Eltern für die Mediennutzung der Jugendlichen interessieren, für deren Bedeutung und Gefahren sensibilisiert werden und sich am Ende verantwortlich fühlen, zum Schutz der Jugendlichen bei der Mediennutzung beizutragen.

Themenabend 1 – Teil 1: Eröffnung

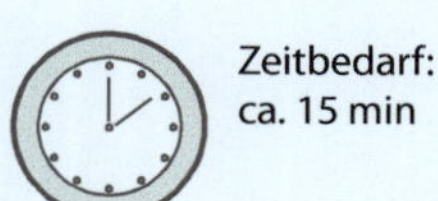

Zu Beginn des ersten Themenabends begrüßen Sie die anwesenden Eltern und, sollten Sie entschieden haben, dass die Jugendlichen Ihre Unterrichtsergebnisse in den Schritten 2.2 und / oder 3.3 selbst vorstellen, auch die anwesenden Jugendlichen (zu dieser Entscheidung siehe Abschnitt Vorbereitung 1.2 des Manuals). Da der Beginn einer Veranstaltung maßgeblich für die Atmosphäre ist, erfolgt die Begrüßung in besonders wertschätzender Weise, die direkt klarstellt, dass die Eltern hier nicht „belehrt" werden sollen, sondern dass die Haltung zur Zusammenarbeit von den vier A's geprägt ist: Begegnung auf Augenhöhe, Akzeptanz unterschiedlicher Sichtweisen, Anerkennung der Kompetenzen der Eltern, ohne dass dadurch die eigene Position als bedroht wahrgenommen wird und die Annahme, dass Zusammenarbeit mit den Eltern aussichtsreich und ausführbar ist. Je nachdem, wie sich die Elternschaft Ihrer Klasse zusammensetzt, sind die Eltern es vielleicht gewohnt, Elternabende bloß „abzusitzen". Wie schon die Einladung (siehe Abschnitt Vorbereitung 1.6), trägt auch die Frage nach den Befürchtungen der Eltern (Schritt 1.2) dazu bei, hervorzuheben, dass der Themenabend kein gewöhnlicher Elternabend ist und dass die Eltern zur aktiven Mitarbeit eingeladen werden. Die paradox formulierte Frage, wie sie den Elternabend „so richtig schlecht" machen könnten, führt auch dazu, dass die Atmosphäre aufgelockert wird und sich die Eltern von Anfang an in ihren Bedürfnissen ernst genommen fühlen.

Ziele:

- Schaffen einer kooperativen Atmosphäre mit Vorfreude
- Die „Besonderheit" dieses Themenabends hervorheben, sodass die Eltern interessiert sind
- Von Anfang an Eltern aktiv beteiligen
- Verdeutlichen, dass Bedürfnisse der Eltern ernstgenommen werden
- Auflockern der Stimmung

Was muss ich vorbereiten?

- Wenn Sie in Schritt Vorbereitung 1.2 entschieden haben, den Ablauf an einem selbst gestalteten Plakat aufzuzeigen, bringen Sie das vorbereitete Plakat mit und hängen Sie es vor Beginn der Veranstaltung auf
- Wenn Sie den Ablauf an dem Foliensatz TA1-1_1 aufzeigen möchten, rufen Sie die entsprechende Datei auf und starten Sie den Präsentationsmodus
- Halten Sie die Ablaufs-Übersicht (Ablaufplan Themenabende, Material V1) für sich als Orientierung bereit
- Hängen Sie für Schritt 1.2 einen leeren Flipchart-Bogen auf und halten Sie Stifte bereit. Alternativ können sie natürlich ein vorhandenes Whiteboard oder eine Tafel nutzen

5 min

Schritt 1.1 Begrüßung und Eröffnung

Nachdem die Eltern eingetroffen sind und sich gesetzt haben, beginnen Sie die Veranstaltung. Begrüßen Sie die Eltern, indem Sie Freude darüber ausdrücken, dass sie gekommen sind und schüren Sie Vorfreude auf den Themenabend. In der Sprechblase unten finden Sie ein paar beispielhafte Sätze, an denen Sie sich orientieren können. Wenn Schüler*innen anwesend sind, begrüßen Sie auch diese und bedanken sich für deren Bereitschaft mitzumachen. Anschließend stellen sie kurz und ohne zu sehr ins Detail zu gehen den geplanten Ablauf des Abends vor, damit alle wissen, was grob auf sie zukommt.

> Herzlich willkommen zu unserem heutigen Medien-Themenabend!
> Schön, dass sie heute hier sind.
> Ich freue mich sehr auf den heutigen Themenabend, da es ein ganz besonderer ist.
> Wie Sie vielleicht wissen, beschäftigen sich die Schüler*innen aktuell [durch das Medienhelden-Programm] intensiv mit dem Thema Mediennutzung, und dieser Abend ist ein Teil dieses Programms.
> Und um dieses für die Jugendlichen sehr wichtige Thema – Mediennutzung – soll es heute gehen.
> Dazu möchte ich mit Ihnen folgende Themen erkunden…

10 min

Schritt 1.2 Erwartungen und Befürchtungen

Als nächstes sollen die Eltern und ggf. anwesende Jugendliche gleich aktiv werden und zugleich die Möglichkeit bekommen, mögliche Befürchtungen über den bevorstehenden Themenabend zu äußern. Sie leiten kurz zu dieser Methode über, z.B. indem Sie sinngemäß sagen

- „Da es mir sehr wichtig ist, dass wir beim heutigen Thema gut zusammenarbeiten und dieser Themenabend für alle hier ein Gewinn ist, möchte ich Sie gleich zu Beginn etwas fragen:“

Und stellen dann die Frage in den Raum

- „Wie könnte ich hier am besten Ihre Zeit verschwenden?“

Diese ungewohnte Formulierung führt bei den Anwesenden vielleicht zu Irritation oder Lachern. Das ist durchaus gewollt, da dies die Atmosphäre auflockert und die Teilnehmenden zugleich dazu anregt, sich Gedanken darüber zu machen, was sie sich eigentlich von der Veranstaltung erwarten und was aus ihrer Sicht wünschenswert bzw. nicht wünschenswert wäre. Falls die Irritation zu groß ist und keine Wortmeldungen aufkommen, können sie nachhaken:

- „Was müsste heute passieren, damit der Themenabend aus Ihrer Sicht so richtig schlecht war?"

Oder klarstellen

- „Das möchte ich natürlich nicht erreichen, sondern vermeiden, deshalb frage ich heute mal so herum."

Sammeln Sie mindestens drei bis fünf Wortmeldungen der Eltern und ggf. der Jugendlichen an der Tafel oder auf dem vorbereiteten Flipchart. Wichtig ist hierbei, dass Sie alle geäußerten Meldungen gelten lassen und aufnehmen und dabei keine Rechtfertigungen vornehmen oder Diskussionen aufkommen lassen. Es geht vornehmlich darum, dass die Teilnehmenden sich gehört fühlen und Sie einen Eindruck davon bekommen, was deren Erwartungen und Befürchtungen sind. Sollten sich Wortmeldungen klar widersprechen können Sie dem zum Beispiel dadurch begegnen, dass Sie darauf verweisen:

- „Es kann durchaus sein, dass Ihre Vorstellungen hier auseinander gehen, das ist völlig okay. Ich nehme das hier einfach unkommentiert auf, da es ja darum geht, möglichst alle zu berücksichtigen."

Schließen Sie die Methode ab, indem Sie wo möglich die Befürchtungen entkräften (z.B. „Ich kann Ihnen versichern, dass das hier kein 2-Stunden-Frontalunterricht wird") oder versichern, dass Sie sich darum bemühen werden, darauf zu achten. Am Ende der Veranstaltung werden Sie noch einmal auf die anfangs formulierten Befürchtungen Bezug nehmen.

Tipp: Für den Fall, dass Eltern Befürchtungen äußern, die durchaus erfüllt werden könnten (z.B. „Bloß keine Übungen, wo ich selbst mitmachen soll!"), lassen Sie sich nicht verunsichern! In der Regel sind dies eher vereinzelte Meinungen und sie können bei jeder Methode immer darauf verweisen, dass natürlich niemand gezwungen ist, mitzumachen. Häufig vergehen anfängliche Widerstände auch, wenn die Methoden tatsächlich durchgeführt wird und die meisten Anwesenden mitziehen. Gerade aktive Methoden, bei denen sich einige Teilnehmende zunächst „zieren", stelle sich am Ende oft als diejenigen heraus, die am besten ankommen!

Themenabend 1 – Teil 2: Mediennutzungsverhalten der Jugendlichen – Funktionen, Risiken, Cybermobbing

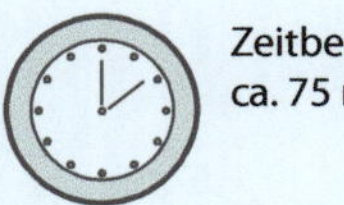

Zeitbedarf: ca. 75 min

In Teil zwei des ersten Themenabends geht es darum, die Eltern zu einer differenzierten Sicht auf digitale Medien und den Umgang der Jugendlichen mit diesen anzuregen. Denn wie im Theoretischen Hintergrund (Kapitel 1) beschrieben, ist weder ein pauschales Verteufeln noch eine sorglose oder desinteressierte Haltung hilfreich, wenn es darum geht, Jugendliche bei der Nutzung digitaler Medien zu schützen und ihnen gleichzeitig Entwicklungsspielräume zu lassen. Besonders gut vermitteln können das die Jugendlichen selbst! Daher werden, je nach Ihrer Entscheidung bei der Vorbereitung (Abschnitt Vorbereitung 1.2), entweder einige der Schüler*innen ihren vorbereiteten Vortrag zu diesem Thema halten (Schritt 2.2) oder Sie ein von den Jugendlichen erstelltes Plakat präsentieren (Schritt 2.3). Eine von uns vorbereitete Präsentation ergänzt eine Einschätzung aus wissenschaftlicher Sicht und bietet ein anschauliches Fallbeispiel (Schritt 2.4). Anschließend werden die Eltern dazu angeregt, über das gehörte zu reflektieren, wobei wahrscheinlich in der Gruppe der Eindruck bestärkt wird, dass dieses Thema durchaus die Aufmerksamkeit der Eltern erfordert (Schritt 2.5). Mit der Methode der „Meinungslinie" (Schritt 2.6) werden die Eltern eingeladen, unterschiedliche Perspektiven in Bezug auf Cybermobbing einzunehmen und sich mit unterschiedlichen Ansichten zu dem Thema auseinanderzusetzen. Zu verdeutlichen, dass es unterschiedliche Sichtweisen und Reaktionen gibt, trägt einen wichtigen Teil zur Wirkung dieser Methode bei. Falls Sie auch mit dem Medienhelden-Programm arbeiten, wird Ihnen diese Methode aus der Arbeit in der Klasse bereits bekannt sein.

Ziele:

- Verdeutlichen, dass auch die Jugendlichen eine differenzierte Sicht haben können → Eltern lernen am Modell
- Differenzierte Sicht vermitteln (nicht bloße Verteufelung oder Verharmlosung digitaler Medien)
- Eltern lernen, was Cybermobbing ist und welche Folgen es haben kann
- Sicherstellen, dass man über die gleiche Form / Abstraktionsebene von digitalen Medien redet
- Verdeutlichen, dass es unterschiedliche Sichtweisen und Reaktionen gibt
- Eltern regen sich gegenseitig zur Reflexion an
- Gefühl der Betroffenheit / „Das geht uns etwas an" als soziale Norm sichtbar machen

Was muss ich vorbereiten?

- Machen Sie sich mit den Präsentationfolien für Schritt 2.4 vertraut (Material TA1-2_4), enthalten in der Präsentationsdatei.
- Halten Sie die vorbereiteten Präsentationsfolien, ggf. Ihre Sprechernotizen und ggf. Plakate bereit
- Drucken Sie die Markierung der Extrempole und die Szenario-Karten für die Meinungslinie aus (Material TA1-2_6) und scheiden sie sie zurecht.
- Für die Meinungslinie bringen Sie eine Rolle Klebeband oder eine Schnur zur Markierung auf dem Boden mit

3 min

Schritt 2.1 Einleitung ins Thema

Leiten Sie kurz in das Thema Mediennutzung ein, etwa indem Sie sagen:

> Wie in der Einladung angekündigt, soll es heute darum gehen, wie die Schülerinnen und Schüler, Ihre Kinder, und auch wir mit digitalen Medien umgehen.
> Und als erstes soll es um ein Thema gehen, das in den Medien und vermutlich auch in Ihren Familien immer wieder diskutiert wird: Wofür sind digitale Medien gut und nützlich und wo lauern Gefahren und Risiken?

Verweisen Sie auch darauf, dass es dazu naturgemäß unterschiedliche Ansichten unter den Beteiligten gibt und dass es darum geht, nun über diese Ansichten ins Gespräch zu kommen, ohne dabei zu bewerten oder in „falsch" und „richtig" einzuteilen. Es geht zunächst darum, dass die Eltern sich auch die Sichtweise der Schüler*innen anhören. Dazu leiten Sie, je nach der Auswahl, die Sie bei der Vorbereitung getroffen haben, zu Methode 2.2 oder 2.3 über.

Schritt 2.2 Vortrag der Schüler*innen [Alternative: Schritt 2.3]

10 min

Hinweis: Falls Sie sich bei der Vorbereitung gegen den Vortrag der Schüler*innen entschieden haben, entfällt dieser Schritt. Stattdessen wird Schritt 2.3 als Alternative durchgeführt.

Bitten Sie nun die Schüler*innen nach vorne und moderieren sie ganz kurz ihren Vortrag an, indem Sie erwähnen, dass die Schüler*innen diesen Beitrag nach der entsprechenden Unterrichtseinheit selbständig erarbeitet haben. Achten Sie während des Vortrags auf das Einhalten der zur Verfügung stehenden Zeit und weisen Sie die Schüler*innen wenn nötig darauf hin, wenn ihnen nur noch zwei Minuten verbleiben. Wenn der Vortrag beendet ist, bedanken Sie sich bei den Schüler*innen für ihren Beitrag. Vor der versammelten Elternschaft zu sprechen, erfordert Mut und hat einen Applaus verdient!

Schritt 2.3 Vorstellung der Unterrichtsergebnisse [Alternative zu Schritt 2.2]

10 min

Hinweis: Dieser Schritt ist eine Alternative zu 2.2 und wird nur durchgeführt, wenn Sie in Schritt 1.2 der Vorbereitung entschieden haben, dass die Jugendlichen keinen entsprechenden Vortrag halten.

Stellen Sie nun die im Unterricht von den Schüler*innen erstellten Ergebnisse zu Nutzen und Risiken von digitalen Medien und den Definitionsmerkmalen von Cybermobbing vor (zur Auswahl siehe Vorbereitung des ersten Themenabends, Abschnitt 1.2). Heben Sie hierbei hervor, dass dies die Sichtweise der Jugendlichen ist und dass diese Ergebnisse von ihnen selbständig erarbeitet wurden. Es ist dabei sehr wichtig, dass Sie die Sichtweisen der Jugendlichen nicht korrigieren oder einschränkend kommentieren, sondern sie ernst nehmen und entsprechend vortragen. Wenn Sie diese Ergebnisse loben oder sich davon beeindruckt zeigen, hilft dies auch den Eltern, die Sichtweisen der Jugendlichen anzuerkennen.

Schritt 2.4 Kurzpräsentation aus Sicht von Expert*innen

8 min

Die von uns vorbereiteten Präsentationsfolien (Material TA1-2_4) stellen in Kürze die Sicht von Expert*innen auf Funktionen und Risiken jugendlicher

Mediennutzung sowie Cybermobbing dar. Durch den kurzen Vortrag wird sichergestellt, dass die Anwesenden über die gleiche Form und Abstraktionsebene digitaler Medien sprechen und eine differentielle Sicht auf digitale Medien wird angeboten. Diese Sichtweise deckt sich höchstwahrscheinlich in vielen Aspekten mit den Beiträgen der Jugendlichen. Dadurch werden die Eltern darin bestärkt, die Bedürfnisse und Sichtweisen der Jugendlichen ernst zu nehmen – ein wichtiges Ziel dieses Programms! Das Fallbeispiel am Ende, das die möglichen schweren Folgen von Cybermobbing aufzeigt, soll zum Nachdenken anregen. Besonders diejenigen Eltern, die dazu neigen, digitale Medien als harmlos anzusehen oder der Mediennutzung ihrer Kinder keine große Beachtung zu schenken, kommen hier vielleicht ins Grübeln. Im nächsten Schritt bekommen die Eltern Gelegenheit, sich über ihre Eindrücke auszutauschen.

10 min

Schritt 2.5 Reflexionsfrage

Direkt im Anschluss an das Ende der Präsentation mit dem Fallbeispiel fragen Sie die Eltern

- „Wie geht es Ihnen mit dem, was Sie gerade gehört haben?"

Sammeln Sie kurze und bündige Antworten, wenn nötig bitten Sie darum, sich zunächst auf ein bis zwei Sätze zu begrenzen. Die folgende Methode gibt mehr Raum für Diskussionen, hier lassen Sie zunächst noch keine Diskussion aufkommen. Es geht darum, dass verschiedene und ggf. auch sehr unterschiedliche Reaktionen gesammelt werden. Erkennen Sie alle Wortmeldungen an, wenn Sie dies authentisch möchten, validieren Sie die Aussagen der Eltern auch gerne (z.B.: Ja, das gibt zu denken, finde ich auch", „Da fühle ich ganz ähnlich").

Mit der Beantwortung dieser Frage sollen sich die Eltern gegenseitig zur Reflexion anregen. Darüber hinaus wird verdeutlicht, dass es wahrscheinlich unterschiedliche Sichtweisen und Reaktionen gibt. Dadurch, dass sich verschiedene Teilnehmende äußern, wird unter den Eltern die soziale Norm sichtbar gemacht, dass Mediennutzungsverhalten der Jugendlichen und damit einhergehende Risiken Eltern „etwas angehen". Ein geteiltes Gefühl der Verantwortung wird gefördert.

45 min

Schritt 2.6 Meinungslinie

Auch die nächste Methode, die Meinungslinie, soll verdeutlichen, dass Eltern unterschiedliche Ansichten zu digitalen Medien haben. Vornehmlich geht es aber darum, Unterschiedliche Perspektiven einzunehmen, auch die der Jugendlichen, über die Folgen von Cybermobbing zu reflektieren und zu etablieren, dass Cybermobbing ein bedeutsames Risiko darstellt.

Kleben Sie die Karten mit den beiden Extrempolen „stimme überhaupt nicht zu" und „stimme voll und ganz zu" in der Mitte des Raumes so auf den Boden, dass dazwischen mindestens vier bis fünf Meter Platz sind. Hierzu kann es sinnvoll sein, die Stühle zu einem Kreis umzubauen. Verbinden Sie dann die beiden Extrempole mit einer Line aus Klebeband oder einem Faden, den Sie auf den Boden festkleben. Dies stellt die Meinungslinie dar.

Sie können die Methode einleiten, indem Sie zum Beispiel sagen:

Um mit Ihnen darüber ins Gespräch zu kommen und gemeinsam zu schauen, wie wir unterschiedliche Verhaltensweisen in Bezug auf Medien einordnen, möchte ich eine besondere Methode mit Ihnen nutzen. Dazu…

Bitten Sie nun die Eltern und eventuell anwesende Jugendliche einen großen Kreis um die Meinungslinie zu bilden, sodass Platz in der Mitte bleibt. Als nächstes werden die Szenario-Karten verteilt, die anschließend von den Teilnehmenden entsprechend ihrer Zustimmung oder Ablehnung an der Meinungslinie platziert werden sollen. Verteilen Sie die 15 Szenario-Karten (Material TA1-2_6) nun an die Personen im Kreis, sodass zwar nicht jede*r eine Karte hat, die Karten aber ungefähr gleichmäßig verteilt sind. Wenn Jugendliche Anwesend sind, verteilen Sie mindestens 1 bis 2 der Karten an Jugendliche, die mit im Kreis stehen.

Vorschlag: Die Eltern und gegebenenfalls anwesenden Jugendlichen nehmen Sie stärker als Teil der Gruppe wahr, wenn auch Sie aktiv an der Methode teilnehmen. Dies unterstützt den Aspekt der Augenhöhe (eines der 4 A's der Haltung) und verdeutlicht, dass es um Zusammenarbeit, nicht um Belehrung geht. Sie können sich selbst eine der Szenario-Karten zuteilen, selbst eine hinzufügen oder selbst auf die Fragen zu den einzelnen Szenarien Antworten beisteuern. Heben Sie dabei hervor, dass es sich dabei nicht um „die richtige Lösung" handelt, auch wenn Sie die Methode moderieren, sondern um ihre Wahrnehmung bzw. Einstellung.

Anschließend lesen die Teilnehmenden der Reihe um ihre Karte vor und legen Sie so an die Meinungslinie, dass es ihrer Zustimmung / Ablehnung der jeweiligen Aussage entspricht. Fragen Sie anschließend die anderen Teilnehmenden, ob sie das ähnlich sehen, oder wie sie die Zuordnung vorgenommen hätten und warum. Beziehen Sie hierbei besonders auch diejenigen Teilnehmenden ein, die bei der Verteilung keine eigene Karte erhalten haben.

Nachdem einige Karten ein paar gelegt und diskutiert wurden, nehmen Sie als zusätzliche Frage hinzu: „Wie meinen Sie haben sich die Betroffenen / die Jugendlichen / die Eltern in dieser Situation gefühlt?“ oder „Wie würden Sie sich in einer solchen Situation fühlen?“, wenn dies zum Szenario auf der Karte passt. Etwa, wenn eine mögliche Cybermobbing Situation beschrieben wird, oder wenn eine bestimmte Medienerziehungspraxis beschrieben wird.

Optional:

Je nachdem, wie gut die Methoden funktioniert, wie diskussionsfreudig sich die Teilnehmenden zeigen und wie viel Zeit Sie noch zur Verfügung haben, können Sie als weitere Frage an die Eltern stellen: „Was glauben Sie, was sich die Jugendlichen in Bezug auf dieses Szenario von Ihnen als Eltern wünschen würden?“

Wenn Jugendliche beim Themenabend anwesend sind, fragen Sie anschließend diese: „Was würdet Ihr euch in einer solchen Situation von den Eltern wünschen?“

Diese Technik ist dazu geeignet, Wahrnehmungsunterschiede darin aufzudecken, was Eltern glauben, dass sich die Jugendlichen wünschen und was diese sich tatsächlich wünschen. Dies ist besonders förderlich für die familiäre Kommunikation über den Umgang mit digitalen Medien, da hierdurch Gespräche über implizite Annahmen und Bedürfnisse angeregt werden. Dies wird auch in späteren Schritten der Themenabende aufgegriffen.

Es bietet sich an, nach der längeren Meinungslinien-Methode eine kurze Pause von 5 bis 10 Minuten einzulegen, bevor Sie den dritten Teil des Themenabends beginnen.

Themenabend 1 – Teil 3: Die Rolle der Eltern bei der Mediennutzung der Jugendlichen

Zeitbedarf: ca. 30 min

Im dritten Teil des ersten Themenabends werden die Eltern eingeladen, über ihre Rolle bei der Mediennutzung der Jugendlichen zu reflektieren. Dazu gibt es einerseits Input in Form einer Kurzpräsentation, die rechtliche Hintergründe beleuchtet (Schritt 3.1), andererseits wird die Perspektive der Jugendlichen hervorgehoben (Schritt 3.2 und 3.3.). Dabei können die Eltern abgleichen, was sie glauben, dass die Jugendlichen als ihre elterliche Rolle ansehen, und was diese sich tatsächlich von ihnen wünschen. Die Feststellung, dass dies nicht zwangsläufig übereinstimmt, bildet den Ausgangspunkt für eine bewusste Auseinandersetzung mit der Frage, wie die Eltern ihre eigene Rolle definieren wollen und wie dabei die Bedürfnisse der Jugendlichen gewichtet werden. Erkenntnisse aus der empirischen Forschung zeigen, dass eine elterliche Haltung, bei der sich die Jugendlichen in ihren Bedürfnissen wahrgenommen fühlen, zur Vorbeugung von Cybermobbing beiträgt (siehe Theorieteil, Kapitel 1).

Ziele:

- Verantwortungsgefühl der Eltern fördern
- Reflexion über eigenen Umgang mit dieser Verantwortung anregen
- Unterschiedliche Möglichkeiten des Umgangs mit dieser Verantwortung aufzeigen
- Perspektivenübernahme: Eltern nehmen Blickwinkel der Jugendlichen ein und stellen Vermutungen über deren Bedürfnisse und Wünsche an
- Aufzeigen von Wahrnehmungsunterschieden zwischen Eltern und Jugendlichen, Abgleich der Annahmen mit der Perspektive der Schüler*innen
- Reflexion der eigenen Rolle anregen

Das muss ich vorbereiten:

- Halten Sie Präsentationsfolien (Material TA1-3_1) und ggf. Ihre Sprechernotizen bereit
- Stellen Sie für die Plakatvorstellung die nötigen Materialien (Flipchart / Tafel, Magneten…) bereit

10 min Schritt 3.1 Kurzpräsentation: Elterliche Verantwortung aus rechtlicher Sicht

Der Foliensatz (Material TA1-3_1) enthält eine kurze Darstellung zur rechtlichen Verantwortlichkeit der Eltern, die Jugendlichen bei der Nutzung digitaler Medien vor Gefahren zu schützen. Darüber hinaus sollen Analogien zu Situationen im nicht-digitalen „echten" Leben dazu anregen, zu reflektieren, in welchem Ausmaß Jugendlichen Freiheiten aber auch Schutz bei der Internetnutzung benötigen. Am Ende der Präsentation werden die von Ihnen eingefügten anonymisierten Erfahrungen der Jugendlichen gezeigt (siehe Vorbereitung 1.4). Gerade mit dem Hinweis, dass dies reale Erfahrungen von Jugendlichen aus dieser Klasse sind, entfaltet dies wahrscheinlich eine starke Wirkung auf die Eltern.

Halten Sie die kurze Präsentation und frage Sie anschließend nach ein paar Reaktionen.

- „Was geht bei Ihnen vor, wenn Sie das [Eltern sind rechtlich zu Beaufsichtigung verpflichtet] hören?"
- „Was sehen Sie als Ihre Verantwortung an?"

Tipp: Sollte in Ihrer Elternschaft rechtliche Expertise vorhanden sein, zum Beispiel, da einzelne Eltern Juristen bzw. Juristinnen oder Polizisten bzw. Polizistinnen sind, können Sie sich das an dieser Stelle zu Nutze machen, indem Sie diese Expertise explizit mit einbeziehen. Dadurch stellen Sie sicher, dass sich diese Eltern in ihrer Expertenfunktion wahrgenommen und wertgeschätzt fühlen und zugleich erhalten die übrigen Eltern Anregungen durch die Expert*innen.

Schritt 3.2 Zirkuläre Frage: Die Perspektive der Jugendlichen

10 min

Durch diese besondere Fragetechnik, bei der die Eltern aufgefordert werden, sich zunächst in die Jugendlichen hineinzuversetzen und dann aus deren Perspektive zu überlegen, was diese wohl von den Eltern erwarten, wird der Blick auf die Bedürfnisse der Jugendlichen gerichtet. Außerdem werden Wahrnehmungsunterschieden zwischen Eltern und Jugendlichen deutlich und die Eltern erhalten somit Anregung, über ihre Rolle bei der Medienerziehung nachzudenken.

Eine mögliche Formulierung für die zirkuläre Frage könnte wie folgt sein:

„Nun haben wir uns etwas damit auseinandergesetzt, was der Gesetzgeber und wir über unsere Verantwortung bei der Mediennutzung der Jugendlichen sagen.

Da es aber nicht um unser eigenes Mediennutzungsverhalten, sondern das der Jugendlichen geht, ist dabei natürlich auch deren Perspektive wichtig.

Daher möchte ich Sie einladen, kurz über folgende Frage nachzudenken: Was glauben Sie, sehen die Jugendlichen als Ihre Aufgabe als Eltern an, wenn es um die Nutzung von Medien geht?"

Lassen Sie den Eltern einen Moment Zeit zum Überlegen. Anschließend können Sie darum bitten, dass sie sich kurz mit ihren Sitznachbarn darüber austauschen, oder Sie sammeln direkt Wortmeldungen an der Tafel. Auch hier gilt wieder: Lassen Sie unterschiedliche Meinungen zu und machen Sie deutlich, dass unterschiedliche Ansichten hier normal und in Ordnung sind.

Optional: Alternative zu Schritt 3.3

Besonders interessant ist diese Methode, wenn zum ersten Themenabend auch Jugendliche anwesend sind. Als Überleitung oder auch als Alternative zu Schritt 3.3 können Sie dann wie folgt vorgehen: Sie fragen die Jugendlichen:

„Wie ist das bei euch? Was seht ihr wirklich als Aufgabe eurer Eltern bei eurer Mediennutzung an?"

Auch hier können Sie darauf verweisen, dass es auch unter den Jugendlichen unterschiedliche Ansichten geben kann. Der Abgleich mit dem, was die Eltern glauben, dass sich die jugendlichen wünschen und dem, was diese sich tatsächlich wünschen, kann für beide Seiten sehr wertvolle Einsichten bieten. Sollte dafür noch Zeit sein, können Sie diesen Effekt noch verstärken, indem Sie die Eltern abschließend fragen:

„Überrascht Sie daran etwas? Ist etwas daran neu für Sie?"

10 min

Schritt 3.3 Plakatvorstellung: Das sehen die Jugendlichen als Aufgabe der Eltern

In diesem Schritt stellen zum Elternabend anwesende Schüler*innen oder Sie selbst die vorbereiteten Unterrichtsergebnisse zur Vorstellung der Jugendlichen von der Rolle der Eltern vor (siehe Vorbereitung Schritt 1.2). Dabei geht es, wie in der Vorbereitung bereits beschrieben, noch nicht um konkret gewünschtes Medienerziehungsverhalten (das ist Teil des zweiten Themenabends), sondern eher um allgemeine Aufgaben wie „Grenzen setzen", „Ansprechperson sein" oder „Für Sicherheit des Computers sorgen". Moderieren Sie den Vortrag kurz an, wobei Sie betonen, dass es sich um von den Schüler*innen selbständig erarbeitete Ergebnisse handelt. Nach dem Vortrag erhalten die vorstellenden Schüler*innen (wenn anwesend) Applaus. Anschließend fragen Sie die Eltern zur Reflexion: „Überrascht Sie daran etwas oder ist etwas daran neu für Sie?"

Durch diese Methode wird der Blick auf das Eltern-Rollenverständnis der Jugendlichen gerichtet und mögliche Wahrnehmungsunterschiede hervorgehoben. So werden Eltern, die bisher der Ansicht waren, dass Jugendliche vor allem uneingeschränkte Freiheit bei der Mediennutzung haben wollen, wahrscheinlich überrascht sein zu hören, dass sich die allermeisten Jugendlichen wünschen, dass ihre Eltern durchaus Grenzen setzen und Interesse an dem zeigen, was sie online tun. Direkte Wünsche der Jugendlichen wirken auf die Eltern als Appell deutlich besser, als vage Empfehlungen von Expert*innen.

Themenabend 1 – Teil 4: Abschluss und Ausblick auf den zweiten Themenabend

Zeitbedarf: ca. 15 min

Im letzten Block des ersten Themenabends geht es darum, dass die Eltern noch einmal darüber reflektieren können, was sie aus der Veranstaltung mitnehmen. Außerdem sollen Motivation und Interesse für den zweiten Themenabend gefördert werden. Abschließend haben die Eltern die Chance, Feedback zu geben, wobei die bereits aus der Arbeit mit den Schüler*innen bekannte Blitzlicht-Methode zum Einsatz kommt. Dabei werden Erkenntnisse auf Seiten der Eltern gefestigt.

Ziele:
- Den Themenabend abrunden
- Motivation und Interesse für den zweiten Themenabend fördern
- Möglichkeit Feedback zu geben / zu erhalten
- Unterschiedliche Stimmen werden gehört
- Reflexion über Gelerntes / individuelle Take-Home-Messages

Das muss ich vorbereiten:
- Auf die Kopiervorlage von Handout 1 (Material TA1-4_2) das Datum für den zweiten Themenabend eintragen
- Ausreichend Kopien von Handout 1 anfertigen und bereitlegen (mindestens Anzahl der Anwesenden Eltern)

Schritt 4.1 Abgleich mit den Befürchtungen und Abschlussblitzlicht

10 min

Um Erkenntnisse des Abends zu festigen und den Eltern die Möglichkeit zu geben, Feedback zu äußern, nutzen Sie eine leicht abgewandelte Form des „Blitzlichts", wie Sie es gegebenenfalls schon als Ritual zum Ende der Medienhelden-Einheiten im Unterricht durchführen. Dazu stellen Sie nacheinander eine Frage und eine Aussage in den Raum und die Eltern (und ggf. anwesende Schüler*innen) reagieren als Antwort mit ein bis zwei Daumen nach oben, nach unten oder zur Seite (neutral). Anschließend gehen Sie kurz (wie beim Ampelkarten-Blitzlicht) auf kritische Stimmen, Mehrheiten und Minderheiten ein, wobei gilt: Jede*r darf, keine*r muss etwas sagen!

Holen Sie zunächst das Flipchart oder Tafelbild mit den anfangs formulierten Befürchtungen der Teilnehmenden in Bezug auf die Veranstaltung hervor und fragen Sie die Teilnehmenden, ob es gelungen ist, dass der Themenabend nicht schlecht geworden ist.

Fragen Sie anschließend allgemeiner, wie den Anwesenden der heutige Themenabend gefallen hat. Als letztes stellen Sie die Aussage in den Raum: „Ich habe heute etwas Neues gelernt oder nehme etwas aus der Veranstaltung mit." Auch hier erfolgt die Antwort in gleicher Weise und Sie können einzelne Stimmen erfragen.

Schritt 4.2 Handout austeilen

2 min

Nun teilen Sie den anwesenden Eltern das Handout 1 aus. Erwähnen Sie dabei, dass die Eltern dort eine Zusammenfassung der heutigen Inhalte finden und insbesondere die Möglichkeit, einzutragen, was sie in Bezug auf ihre Aufgaben bei der Medienerziehung herausgefunden haben: Aus Sicht der Jugendlichen und aus ihrer Sicht. Dies gemeinsam mit den Jugendlichen auszufüllen ist ganz besonders hilfreich und Sie sollten diese Möglichkeit unbedingt empfehlen. Außerdem enthält das Handout noch einen Verweis auf den Termin des zweiten Themenabends.

3 min

Schritt 4.3 Abschluss und Ausblick auf den zweiten Themenabend

Im letzten Schritt runden Sie mit einer kleinen Abmoderation den Themenabend ab und erzeugen Interesse und Vorfreude in Bezug auf den zweiten Themenabend. Indem Sie betonen, dass Sie am heutigen Abend neue Sichtweisen kennengelernt haben, regen Sie die Eltern dazu an zu überlegen, was sie Neues gelernt haben. Dazu können Sie folgende Sätze als Anregung verwenden:

Ich finde sehr spannend / interessant / aufschlussreich, was wir heute an Wortmeldungen gehört haben.
Ich habe heute viele neue Sichtweisen und Eindrücke kennengelernt und hoffe, dass es Ihnen auch so ging.

Bedanken Sie sich bei allen Anwesenden führ Ihre Mitarbeit und Offenheit. Anschließend erwähnen Sie, dass der „wirklich spannende Teil" noch kommt, nämlich wie konkret im Familienalltag mit Medien umgegangen werden kann, sodass Cybermobbing vorgebeugt wird. Verweisen Sie an dieser Stelle auch noch einmal darauf, dass beim zweiten Themenabend alle Schüler*innen und Schüler dabei sein werden und es darum geht, was gemeinsam gegen Cybermobbing und für einen guten Umgang mit Medien getan werden kann.

Vorbereitungen vor dem zweiten Themenabend

Bei Abschluss des ersten Themenabends sollte der Termin für den zweiten Themenabend bereits feststehen (siehe Vorbereitung 1.3) und die Eltern sollten zu diesem eingeladen sein (mittels Handout des ersten Themenabends). Mindestens zwei Wochen vor dem zweiten Themenabends (also möglicherweise vor oder direkt nach dem ersten Themenabend!) sollten Sie mit der Vorbereitung des zweiten Themenabends beginnen. Gehen Sie dabei wie folgt vor:

Vorbereitung 2.1: Mit Methoden vertraut machen

Wie schon vor dem ersten Themenabend lesen Sie sich den Manual-Teil zum zweiten Themenabend gründlich durch und verschaffen Sie sich einen Überblick über die Methoden, die eingesetzt werden.

Vorbereitung 2.2: Gegebenen Falls Raum Reservieren und bekannt geben

Falls Sie vor dem ersten Themenabend noch keinen Raum für den zweiten Themenabend reservieren konnten, sollten Sie dies jetzt tun. Der Raum muss groß genug sein, um genug Sitzplätze für alle Schüler*innen der Klasse und ihre Eltern zu bieten. Außerdem sollten dort PC/ Laptop und Beamer sowie Flipchart, Whiteboard oder Tafel einsetzbar sein. Darüber hinaus ist es notwendig, dass durch Umstellen der Sitzgelegenheiten eine Freifläche bzw. Bühne geschaffen werden kann oder schon vorhanden ist. Die Aula der Schule, ein Musikraum oder andere Veranstaltungsräume sind besonders geeignet.

Falls noch nicht geschehen, geben Sie den Raum per schriftlicher Mitteilung an die Eltern bekannt.

Vorbereitung 2.3: Planung des 2. Themenabends

Da der zweite Themenabend mit einer Länge von ca. 3 Stunden und 10 Minuten relativ lang ist, empfehlen wir einen möglichst frühen Beginn. Je nach Erfahrung mit den Verfügbarkeiten der Eltern sollte mit längerem Vorlauf ein Beginn um 17 Uhr bis 18 Uhr möglich sein. Für Fälle, in denen eine Komplettumsetzung nicht machbar erscheint, bieten wir hier einige Vorschläge an, wie das Programm gekürzt werden kann. Nach dem ersten Themenabend können Sie die Motivation und Teilnahmebereitschaft der Eltern wahrscheinlich besser einschätzen. Wir empfehlen Ihnen, alle vorgesehenen Methoden durchzuführen, um eine nachhaltige Wirkung von PARENT MEDIA zu erreichen. Falls Sie jedoch der Ansicht sind, dass der Themenabend nur bei geringerer Dauer durchführbar ist, schlagen wir vor, eine oder mehrere der folgenden Kürzungs-Optionen zu erwägen:

- *Schritt 2.11 Gemeinsame Zielformulierung* kann mit entsprechender Instruktion als „Hausaufgabe" mitgegeben werden. Geben Sie in diesem Fall die Vordrucke aus und instruieren Sie, wie in Schritt 2.11 beschrieben (5 Minuten statt 15 Minuten).
- Falls notwendig, sortieren Sie einige der Szenario-Karten aus Material TA2-2_10 für die Meinungslinie aus. Wählen Sie z.B. nur die 5 Szenarien, die Sie für Ihre Teilnehmenden am relevantesten halten. Achten Sie bei der Durchführung mit weniger Szenarien besonders darauf, dass sowohl Jugendlichen als auch Eltern zu Wort kommen (15 Minuten statt 30 Minuten). Falls Sie die Anwesenden in zwei Diskussionsgruppen mit je einer Meinungslinie teilen, können Sie die Szenarien auch auf beide Gruppen aufteilen.
- Wenn Sie nicht umhinkommen, einen Schritt gänzlich zu streichen, verzichten Sie am ehesten auf die Durchführung der Gedankenreise (Schritt 2.12, 10 Minuten).

Vorbereitung 2.4: Vorbereitungen mit den Schüler*innen abschließen

In ein bis zwei Schulstunden vor dem zweiten Themenabend gehen Sie in der Klasse erneut auf die bevorstehende Veranstaltung ein. Wenn die Schüler*innen beim ersten Themenabend dabei waren, können Sie Gelegenheit geben, diesen nachzubesprechen. Wie haben die Jugendlichen ihn empfunden? Was ist gut gelaufen, worauf muss beim zweiten Themenabend vielleicht stärker geachtet werden. Außerdem besprechen Sie sich mit der Gruppe, die am zweiten Themenabend ihren Beitrag präsentiert.

Wenn Sie sich nicht zuvor gegen die Aufführung eines Rollenspiels durch die Jugendlichen zum Thema „Umgang mit Medien in der Familie" entschieden haben (siehe Vorbereitung des ersten Themenabends 1.4), sollten Sie nun den Stand der Vorbereitung für die Rollenspielaufführung prüfen. Ist die entsprechende Gruppe vorbereitet? Benötigen sie evtl. weitere Unterstützung? Muss noch geprobt werden? Außerdem sollten Sie schon jetzt überlegen, ob Sie die optionale Fragerunde nach dem Rollenspiel durchführen möchten (siehe Themenabend 2 - Schritt 2.7). Bei dieser zehnminütigen Erweiterung der Rollenspiel-Methode können die Eltern und die anderen Jugendlichen den Mitgliedern der aufführenden Gruppe danach Fragen dazu stellen, warum sie sich in ihrer Rolle entsprechend verhalten oder wie sie sich in der Rolle gefühlt haben. Dies ist eine besonders intensive Methode, die den Effekt des Rollenspiels deutlich verstärken kann. Sie erfordert aber auch, dass die Schüler*innen gut zwischen sich selbst und ihrer Rolle abgrenzen können und sich damit wohlfühlen würden, von den Eltern und Mitschüler*innen zu ihrer Rolle befragt zu werden. Besprechen Sie diese Option mit den Jugendlichen. Falls diese sich einverstanden erklären, können Sie die Erweiterung der Methode am Themenabend nutzen, falls die Atmosphäre dafür vertrauensvoll genug erscheint. Ob Sie die Erweiterung umsetzen, können Sie also auch während des Themenabends entscheiden. Falls Sie diese Option haben wollen, sollten Sie dies aber zuvor mit der Rollenspiel-Gruppe besprechen.

Falls die Jugendlichen eine Präsentation statt eines Rollenspiels beitragen (Entscheidung hierzu siehe Vorbereitung 1.4), erfragen Sie an dieser Stelle den Stand der Vorbereitung und bieten falls nötig weitere Unterstützung an.

Vorbereitung 2.5: Erinnerung an den Termin und das leibliche Wohl

Ein bis zwei Wochen vor dem zweiten Elternabend sollten Sie die Eltern an den Termin erinnern. Dies ist auch wichtig, da nun auch die Eltern erreicht werden können, die nicht beim ersten Themenabend dabei waren und somit auch kein Handout erhalten haben. Verwenden Sie hierzu das Einladungsschreiben für den zweiten Elternabend (Material V5, Einladungsschreiben TA2) oder nutzen Sie eine eigene Einladung.

Es empfiehlt sich eine Kommission aus freiwilligen Eltern und Jugendlichen zu bilden, die für das leibliche Wohl an dem Themenabend vorsorgen. Es können z.B. Getränke und Kuchen, belegte Brötchen oder andere Kleinigkeiten mitgebracht werden, um den Themenabend in dieser Hinsicht aufzuwerten.

Vorbereitung 2.6: Auf eigene Beiträge vorbereiten

Machen Sie sich nun mit den Foliensätzen TA2-1_1 (Ablauf), TA2-1_2 (Wiederholung), TA2-2_1 (Umgang mit Medien in der Familie) und TA2-3_1 (Handlungsoptionen) vertraut, die alle im gesammelten Foliensatz enthalten sind. Schauen Sie sich die Folien an und bereiten Sie sich so auf diese Inhalte und die Überleitungen vor, dass Sie diese sicher beherrschen. Entscheiden Sie, ob Sie den Ablauf des Abends anhand von einer Folie aus TA2-1_1 vorstellen wollen, oder ob Sie lieber ein eigenes Flipchart, Tafelbild oder eine Folie machen. Fertigen Sie diesen eigenen Ablauf ggf. an. Lesen Sie sich auch das Skript für die Gedankenreise (Material TA2-2_12) durch. Abschließend machen Sie sich Gedanken zur Entwicklung der Zusammenarbeitsvision (Schritt 3.2). Was ist Ihnen in Bezug auf die Zusammenarbeit mit Eltern und Jugendlichen wichtig? Woran sollte aus Perspektive der Lehrkräfte gedacht werden? Bedenken Sie auch schon, wie Ihre Überlegungen mit den Bedürfnissen der Eltern und Jugendlichen in Einklang gebracht werden könnten. Zwar können Sie nicht mit Sicherheit vorhersagen, wie die Vorschläge und Bedürfnisse der Teilnehmenden aussehen werden, aber je gründlicher Sie sich auf diesen Schritt vorbereiten, desto einfacher wird der entsprechenden Schritt in der Umsetzung.

Vorbereitung 2.7: Materialien organisieren

Folgende Materialien benötigen Sie für den zweiten Themenabend:

- PC/Laptop + Beamer + ggf. Ton
- Whiteboard + Marker oder Tafel + Kreide oder Flipchart + Stifte.
- Die Foliensätze TA2-1_1, TA2-1_2, TA2-2_1 und TA2-3_1 (enthalten in der PARENT MEDIA Präsentations-Datei) als .ppt und PDF (als Notfalllösung falls sich .ppt nicht öffnen lässt) auf einem USB-Stick
- Die Extrempol- und Szenario-Karten zur Meinungslinie (Material TA2-2_10) ausgedruckt, sowie eine Rolle Klebeband
- Den Reflexionsbogen TA2-2_2 ausgedruckt in ausreichender Anzahl für jede Schüler*in plus bis zu zwei Elternteile pro Schüler*in
- Den Zielvereinbarungs-Bogen (TA2-2_11) einmal pro Schüler*in /bzw. Haushalt

- Das Skript für die Gedankenreise einmal für Sie (TA2-2_12)
- Eventuell eine Vorlage für das in Schritt 3.2 zu erarbeitende Schaubild. Sie können hierfür Druckvorlage TA2-3_2 nutzen, ein eigenes Schema vorbereiten oder ein leeres Plakat mitbringen (bzw. mit der Tafel arbeiten)
- Handou II (Material TA2-4_1) in ausreichender Anzahl für die Eltern
- Die Elternbroschüre einmal pro Schüler*in bzw. Haushalt. Die Broschüre kann von Ihnen, aber auch von den Eltern, unter **https://www.medienhelden.info/parentmedia/** als PDF heruntergeladen werden.
- Eventuell Foliensätze, Plakate oder andere Materialien für den Beitrag der Schüler*innen
- Eventuell ihren eigenen vorbereiteten Ablauf

Vorbereitung 2.8: Am Tag des Themenabends

Kommen Sie rechtzeitig zum Raum, um ggf. noch Stühle zu organisieren und die Technik einzurichten. Testen Sie, ob die Foliensätze funktionieren.

Der zweite Themenabend

Nachdem die Eltern beim ersten Themenabend für ihre Rolle beim Schutz der Jugendlichen im Umgang mit digitalen Medien sensibilisiert wurden, geht es am zweiten Themenabend darum, konkrete Handlungsziele und Handlungsmöglichkeiten zu finden. In den etwas über drei Stunden des zweiten Themenabends werden die Jugendlichen und ihre Eltern dazu angeregt, den Umgang mit Medien in ihrer Familie so zu gestalten, dass die Bedürfnisse aller Beteiligter berücksichtigt werden und ein Mediennutzungsverhalten gefördert wird, das Cybermobbing und anderen Risiken vorbeugt. Anschließend erarbeiten Sie gemeinsam mit Eltern und Jugendlichen anhand eines Fallbeispiels, was wer zum Vorgehen gegen Cybermobbing beitragen kann. Die Ergebnisse werden in einer Zusammenarbeits-Vision festgehalten. Das wichtigste Ziel hierbei ist, die Zusammenarbeit zwischen Jugendlichen, Eltern und Lehrkräften durch gemeinsame Ziele und Absprachen zu vereinfachen und so ein effektives Vorgehen gegen Cybermobbing zu fördern.

Themenabend 2 – Teil 1: Eröffnung

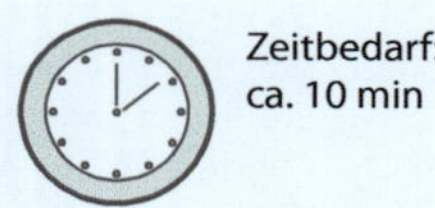

Eröffnet wird der Themenabend mit einer Begrüßung der Eltern und Jugendlichen (Schritt 1.1). Zu Beginn rekapitulieren Sie kurz die Inhalte des ersten Termins und es gibt Raum für Erfahrungen und Beobachtungen seit dem ersten Themenabend (Schritt 1.2). Anschließend leiten Sie zu den Inhalten des folgenden Abschnitts über.

Ziele:
- Alle Teilnehmenden fühlen sich willkommen
- Sie geben einen Überblick und erzeugen Vorfreude auf das Programm des Abends
- Die Eltern erinnern sich an den ersten Themenabend
- Jugendliche und Eltern bekommen Gelegenheit, über Erfahrungen seit dem ersten Themenabend zu berichten

Das muss ich vorbereiten:
- Den Raum reservieren
- Medienausstattung (PC / Laptop, Beamer, Whiteboard /Tafel /Flipchart, Stifte / Kreide etc.) bereitstellen
- Rechtzeitig vor Ort sein, den Raum herrichten und die Technik testen
- Foliensätze TA2-1_1 (Ablauf, alternativ als Plakat) und TA2-1_2 (Rekapitulation) bereithalten (sind im gesammelten Foliensatz enthalten).

Schritt 1.1 Begrüßung & Eröffnung

3 min

Wie auch zum ersten Themenabend, begrüßen Sie die Eltern und Schüler*innen. Sie können sich an den Sätzen in der Sprechblase orientieren oder eine eigene Begrüßung nutzen, um Vorfreude und eine angenehme Atmosphäre entstehen zu lassen. Wie beim ersten Themenabend soll deutlich werden, dass Eltern als Partner auf Augenhöhe wahrgenommen werden. Die Jugendlichen sollen sich ebenso als gleichwertiger Teil der Runde angesprochen fühlen, denn es geht an diesem Abend viel um den Austausch von Perspektiven und Wünschen.

„Es freut mich, heute zum zweiten Mal mit Ihnen zum Thema Medien ins Gespräch zu kommen" Ganz besonders freut mich, dass wir diesmal gemeinsam mit den Schülerinnen und Schülern hier sind..."
„Wir haben ein interessantes Programm vor uns..."

Anschließend stellen Sie wieder kurz und bündig den geplanten Ablauf am Foliensatz TA2-1_1 vor oder verwenden hierzu ein eigenes Flipchart, Tafelbild etc.

7 min

Schritt 1.2 Wiederholung des ersten Themenabends & Überleitung

In diesem Schritt geht es darum, den Eltern die Inhalte des ersten Themenabends noch einmal in Erinnerung zu rufen. Besonders für Eltern, die zum ersten Termin nicht anwesend waren und – auch für die Jugendlichen – ist es nützlich, einen kurzen Überblick zu erhalten, was am ersten Termin besprochen wurde. Wir schlagen vor, hierzu den vorbereiteten Foliensatz TA2-1_2 zu verwenden. In diesem wird bewusst hervorgehoben, dass die Eltern und Jugendlichen aktiv beteiligt wurden und man gemeinsam zu den Erkenntnissen gelangt ist sowie, dass unterschiedliche Sichtweisen in Ordnung und normal sind.

Nach der Zusammenfassung fragen Sie die Anwesenden, ob sich aus ihrer Sicht seit dem ersten Themenabend etwas verändert hat oder etwas Relevantes passiert ist.

Damit geben Sie ihnen den Raum, Erfahrungen, Erkenntnisse und Schwierigkeiten mit den Anderen zu teilen. Es kann durchaus sein, dass der erste Themenabend bei einigen den Blick auf Herausforderungen gelenkt hat, die zuvor nicht aufgefallen sind. Vielleicht wurden aber auch positive Erfahrungen in der Auseinandersetzung mit dem Thema gemacht oder bisher hat sich wenig verändert – auch das ist durchaus möglich, denn Veränderungen in Wahrnehmung und Verhalten brauchen oft Zeit. Es geht hier vor allem darum, dass die Anwesenden die Gelegenheit bekommen, Erfahrungen zu äußern oder von anderen Erfahrungen zu hören. Eine Diskussion sollten Sie hier noch nicht aufkommen lassen. Sie können darauf verweisen, dass in späteren Schritten im Verlauf des Abends viel Gelegenheit besteht, sich auszutauschen und zu diskutieren.

Anschließend leiten Sie zum ersten von zwei Themenblöcken des zweiten Themenabends über: Dem Umgang mit Medien in der Familie. Eine Beispielformulierung finden Sie in der Sprechblase.

„In den letzten Wochen haben wir in der Klasse schon viel über Mediennutzung gesprochen. Daher wollen wir heute damit starten, einen Blick darauf zu werfen, wie unterschiedliche der Umgang mit Medien zu Hause aussehen kann."

Themenabend 2 – Teil 2: Der Umgang mit Medien in der Familie

Zeitbedarf: 110-120 min (inkl. 5-10 Minuten Pause) -> ca. 2 Stunden

Ein wichtiges Ziel von PARENT MEDIA ist es, Eltern und Jugendliche dazu anzuregen, im Alltag über Mediennutzung sowie Regeln und Erfahrungen in Bezug auf Medien zu sprechen. Wie im Theorieteil (Kapitel 1) ausführlicher dargestellt, ermöglicht eine offene familiäre Kommunikation über Medien den Eltern, positiv auf das Mediennutzungsverhalten der Jugendlichen einzuwirken und erleichtert den Jugendlichen, sich bei Problemen an ihre Eltern zu wenden. In diesem Teil werden durch eine Präsentation verschiedene Strategien der Medienerziehung eingeführt (Schritt 2.1). Dabei wird – wie generell bei PARENT MEDIA – darauf verwiesen, dass unterschiedliche Familiensituationen unterschiedliche Ansätze erfordern und verschiedene Ansichten in Ordnung sind. Anschließend wird ein kurzer Fragebogen dazu genutzt, um die Jugendlichen und Eltern ihre Wahrnehmung in Bezug auf das aktuelle Medienerziehungsverhalten der Eltern abzugleichen (Schritt 2.2). Die vermutlich dabei zu Tage kommenden Wahrnehmungsunterschiede sind eine Anregung, gegenseitig zuzuhören und einen Dialog zwischen Eltern und Jugendlichen anzuregen. In Schritt 2.6 stellen die Jugendlichen in einem zuvor erarbeiteten Rollenspiel dar, wie sie sich den Umgang mit digitalen Medien in der Familie wünschen. Durch das Rollenspiel wird auf anschauliche und auflockernde Weise die Perspektive der Jugendlichen aufgezeigt. Für den Fall, dass Sie bei der Vorbereitung die Methode Rollenspiel ausgeschlossen haben, erfolgt alternativ eine Präsentation der Jugendlichen (Schritt 2.8). Direkt im Anschluss reflektieren die Eltern darüber, was sie gehört und beobachtet haben. Nach einer kurzen Pause kommt ein weiteres Mal die Methode der Meinungslinie zum Einsatz (Schritt 2.10), diesmal um Ansichten über konkretes Verhalten aus Sicht der Jugendlichen und Eltern auszutauschen. Ein Reflexionsbogen bietet den Eltern und Jugendlichen die Möglichkeit, gemeinsam Ziele für den Umgang mit Medien in ihrer Familie zu formulieren (Schritt 2.11). Je nachdem, wie viel Zeit für den Themenabend zur Verfügung steht, kann dieser Bogen vor Ort oder als „Hausaufgabe" ausgefüllt werden. Zum Abschluss dieses Teils des Themenabends leiten Sie eine „Gedankenreise" an, in der die Eltern und Jugendlichen sich den Zielzustand bildlich vorstellen (Schritt 2.12). Diese psychologische Technik trägt dazu bei, die Motivation zur Umsetzung und das Vertrauen in deren Gelingen zu stärken.

Ziele:

- Dialog zwischen Eltern und Jugendlichen anregen
- Wahrnehmungsunterschiede aufzeigen und Perspektivübernahme fördern
- Wissen zu Medienerziehungs-Strategien vermitteln
- Reflexion über Wünsche, Zielsetzung und Umsetzungsplanung fördern
- Die Eltern zu einer unterstützenden, zugewandten Haltung ermutigen
- Lösungsstrategien für Cybermobbing-Fälle kennenlernen
- Einen Plan für die Zusammenarbeit von Jugendlichen, Eltern und Lehrkräften gegen Cybermobbing gemeinsam entwickeln
- Die Inhalte festigen und Anregungen für die weitere Beschäftigung mit dem Thema geben
- Zusammenarbeit in der Zukunft erleichtern und dazu ermutigen

Das muss ich vorbereiten:

- Mich mit den Folien TA2-2_1 vertraut machen
- Den Foliensatz TA2-2_1 in der gesammelten Präsentationsdatei parat haben
- Den Reflexionsbogen TA2-2_2 in ausreichender Anzahl für alle Jugendlichen und Eltern kopieren
- Entschieden haben, ob es ein Rollenspiel oder eine andere Form der Präsentation von den Jugendlichen geben soll
- Das Rollenspiel / die Präsentation der Jugendlichen mit diesen besprechen und die Vorbereitung unterstützen
- Eventuell für Rollenspiel / Präsentation benötigtes Material zur Verfügung stellen
- Die Extrem-Pol-Markierungen und die Szenario-Karten für die Meinungslinie drucken und mitbringen (Material TA2-2_10)
- Klebeband und ggf. Faden für die Meinungslinie mitbringen
- Den Bogen „Zielformulierung" TA2-2_11 in ausreichender Anzahl kopieren (Anzahl der Familien / Haushalte =~ Anzahl der Jugendlichen) und mitbringen
- Mich mit der Anleitung zur Gedankenreise (TA2-2_12) vertraut machen und diese ausgedruckt mitbringen
- Überlegungen zur Zusammenarbeitsvision anstellen: Was ist mir wichtig? Was sollte aus Sicht der Lehrkräfte enthalten sein? Welche Bedürfnisse stecken dahinter?

10 min

Schritt 2.1 Input: Medienerziehung

Leiten Sie kurz in das Thema ein, indem Sie ankündigen, dass Sie zunächst eine kurze Präsentation zeigen, in der verschiedene Strategien bei der Medienerziehung beschrieben werden. Anhand des vorbereiteten Foliensatzes TA2-2_1 geben Sie Jugendlichen und Eltern einen Überblick über verschiedene Medienerziehungsstrategien. Dies dient dazu, dass eine gemeinsame Gesprächsgrundlage geschaffen wird. Präsentieren Sie den Foliensatz. Inhaltlich bekommen insbesondere die Eltern eine Übersicht über verschiedene Medienerziehungsformen, von denen manche Ihnen vielleicht selbstverständlich vorkommen, während andere ihnen komplett neu sind. Wir möchten darüber hinaus mit der Präsentation, ohne dabei etwas vorzuschreiben, für eine elterliche Haltung werben, die den Jugendlichen verständnisvoll zugewandt ist und deren Belange berücksichtigt. Wie im Theorieteil (Kapitel 1) erläutert, legen Forschungsergebnisse nahe, dass Eltern auf diese Weise ihre Kinder am besten schützen und unterstützen können. Dabei wird jedoch bewusst hervorgehoben, dass in unterschiedlichen familiären Situationen unterschiedliches Vorgehen sinnvoll ist und dass unterschiedliche Herangehensweisen normal und richtig sind.

Nach dem kurzen Vortrag leiten Sie zur nächsten Methode über, mit der die Jugendlichen mit ihren Eltern gemeinsam reflektieren, wie sie jeweils das bisherige Medienerziehungsverhalten in ihrer Familie wahrnehmen. Die Einleitung der Methode ist im folgenden Schritt beschrieben.

Schritt 2.2 Reflexionsbogen: Welche Strategien werden bei uns benutzt?

6 min

Die Wahrnehmung darüber, wie viele kontrollierende, unterstützende oder vermittelnde Medienerziehungsstrategien Eltern nutzen, geht zwischen den Jugendlichen und den Eltern selbst oft auseinander. Das liegt auch daran, dass Merkmale wie „Strengsein" oder „Freiheiten lassen" subjektiv sehr unterschiedlich empfunden werden können. In diesem Schritt werden Eltern und Jugendliche anhand eines Reflexionsbogens angeregt, ihre Wahrnehmungen auszutauschen, was zu verblüffenden Einsichten führen kann. Wichtig bei dieser Methode ist, dass deutlich kommuniziert wird, dass es nicht um eine „richtige" oder „falsche" Wahrnehmung geht. Da es sich um subjektive Einschätzungen handelt, sind alle Angaben „richtig" und der Austausch soll nicht Wahrnehmungen korrigieren, sondern aufzeigen, wo sich die Wahrnehmungen unterscheiden.

Als Überleitung zu diesem Schritt können Sie ankündigen, dass es nach den allgemeinen Infos nun darum geht, welche dieser Strategien denn in den Familien ganz konkret bisher genutzt werden. Um darüber ins Gespräch zu kommen, wird ein kurzer Reflexionsbogen verwendet.

Wichtig: Weisen Sie unbedingt darauf hin, dass der Reflexionsbogen nicht eingesammelt wird und nur den Teilnehmenden selbst dient, um sich auf Grundlage ihrer Angaben danach mit den Angehörigen des eigenen Haushalts / der eigenen Familie auszutauschen. Das ist kein Test und keine Umfrage, sondern nur ein Hilfsmittel für die Teilnehmenden selbst!

Teilen Sie den Reflexionsbogen (Material TA2-2_2) aus, wobei sowohl die Eltern als auch die Jugendlichen jeweils ein Exemplar bekommen. Auf dem Blatt sind kurze Anweisungen abgedruckt, Sie sollten trotzdem noch anmerken…

- … dass alle diesen Bogen aus ihrer eigenen Sicht ausfüllen sollen…
- … und sich dabei noch nicht absprechen sollten
- … dass es keine „richtigen" oder „falschen" Angaben gibt, es geht um die jeweilige Wahrnehmung
- … dass für die Bearbeitung 3 Minuten ausreichen sollten

Stoppen Sie die drei Minuten, während alle Teilnehmenden die Reflexionsbögen ausfüllen. Nach drei Minuten, oder wenn Sie den Eindruck haben, dass alle fertig sind, fragen Sie nach, ob noch jemand Zeit benötigt. Geben sie eventuell eine Minute zu und leiten Sie dann zum zweiten Teil des Schrittes über.

Schritt 2.3 Familien-Dialog: Wie nimmst Du das wahr?

7 min

Nun sollen Eltern und Jugendliche ins Gespräch kommen. Hierzu bitten Sie, dass sich die Jugendlichen jeweils mit ihren Eltern zusammensetzen, sodass sie sich unterhalten können. Falls einige Jugendliche oder Eltern ohne ihre Angehörigen da sind, würden wir empfehlen, dass sich diese bei anderen Familien dazusetzen, solange das für alle beteiligten in Ordnung ist. Sie können dann zum Gespräch beitragen, indem sie vergleichen, wie sie die Situation in ihrer Familie wahrnehmen.

Mit folgenden Hinweisen leiten Sie das Gespräch ein:
- Jetzt geht es darum zu vergleichen, wie Jugendliche und ihre Eltern die Situation bei ihnen zu Hause wahrnehmen.
- Dazu vergleichen sie die Angaben auf ihren Reflexionsbögen.
- Wo sind Gemeinsamkeiten? Wo gibt es Unterschiede?
- Wichtig dabei: Es geht um subjektive Wahrnehmungen. Deshalb ist es normal, dass diese sich teilweise unterscheidet. Es gibt also keine falschen Wahrnehmungen, niemand hat Recht oder Unrecht, sondern alle haben eine persönliche Sicht darauf, wie es üblicherweise zu Hause läuft.
- Das Ziel ist, sich gegenseitig zuzuhören, wie der Umgang mit Medien wahrgenommen wird und zu vergleichen, ob man es genauso oder anders wahrnimmt.
- Der Austausch soll fünf Minuten dauern.

Stoppen Sie wieder die Zeit und bitten Sie die Teilnehmenden nach vier Minuten zum Ende zu kommen.

7 min

Schritt 2.4 Reflexion in Plenum

Anschließend sammeln Sie im Plenum ein paar Eindrücke aus den Gesprächen:
- Ist den Jugendlichen etwas aufgefallen? Den Eltern?
- War etwas überraschend?

Gegebenenfalls können Sie hier auch nochmals versichern, dass es okay und normal ist, wenn die Wahrnehmungen teils auseinander gehen. Sie können auch bitten, durch Handzeichen zu signalisieren, bei wem alle Wahrnehmungen vollständig übereingestimmt haben, wo es einige Übereinstimmungen gab, und wo man ganz unterschiedlicher Wahrnehmung war.

Begrenzen Sie die Reflexion jedoch auf fünf bis maximal sieben Minuten und lassen Sie hier noch keine Diskussionen zwischen den Teilnehmenden aufkommen. Verweisen sie dazu auf den übernächsten Schritt, bei dem dafür genug Raum dafür ist.

5 min

Schritt 2.5 Umbaupause für das Rollenspiel

Nun bitten Sie die Teilnehmenden, die Sitzgelegenheiten so umzustellen, dass genügen Platz für das Rollenspiel der Jugendlichen entsteht und die nicht am Rollenspiel beteiligten Teilnehmenden das Publikum bilden. Während des Umbaus ist auch eine gute Gelegenheit für die Teilnehmenden, für eine Mini-Pause kurz den Raum zu verlassen.

Hinweis: Falls Sie sich bei der Vorbereitung gegen das Rollenspiel als Methode entschieden haben, entfällt dieser Schritt.

Schritt 2.6 Rollenspiel der Jugendlichen: Das wünschen wir uns

10 min

Kündigen Sie an, dass eine Gruppe von Jugendlichen nun ein selbst erarbeitetes Rollenspiel aufführen wird, bei dem es darum geht, was sie sich in Bezug auf den Umgang mit Medien in der Familie wünschen. Je nachdem, wie die Jugendlichen das Rollenspiel geplant haben (siehe Vorbereitung Schritt 2.4), machen Sie oder die Gruppenmitglieder eine Ansage und führen die Szene(n) auf. Wie in der Vorbereitung beschrieben, sollte die Aufführung nicht länger als 8 Minuten dauern.

Im Anschluss sollten die Darsteller*innen Applaus erhalten. Bedanken Sie sich für die eigenständig entwickelten Inhalte und die Bereitschaft der Jugendlichen, vor allen Anwesenden aufzuführen.

Das Rollenspiel stellt eine Möglichkeit dar, den Eltern auf humorvolle, eindrückliche und bildliche Weise die Sichtweise und Wünsche der Jugendlichen nahezubringen. Besonders, dass Jugendliche im Rollenspiel die Eltern darstellen und diesen somit einen Spiegel vorhalten, kann die Eltern zur Reflexion anregen. Darüber hinaus bekommen die Jugendlichen die Chance, gehört zu werden, sich auszudrücken und sich als selbstwirksam zu erfahren. Die Eltern kommen mit ihrer Perspektive im nächsten Schritt zu Wort.

Schritt 2.7 Fragerunde zum Rollenspiel [Optional]

10 min

Hinweis: Falls Sie sich bei der Vorbereitung gegen das Rollenspiel als Methode entschieden haben, entfällt dieser Schritt. Dieser Schritt ist auch bei Durchführung des Rollenspiels optional und wird nur durchgeführt, wenn Sie bei Vorbereitung Schritt 2.4 diese Möglichkeit mit den aufführenden Jugendlichen besprochen und vereinbart haben und falls sie das Gefühl haben, dass die Atmosphäre akzeptierend und verständnisvoll genug dafür ist. Diese Ergänzung bietet eine Möglichkeit, den Effekt des Rollenspiels noch zu verstärken.

Bitten Sie die Darstellenden noch „auf der Bühne“ zu bleiben, wo diese auf Stühlen platznehmen können. Nun dürfen die Jugendlichen und Eltern im Publikum Fragen an die Rollen der Jugendlichen stellen. Dazu ist es erforderlich, dass zu Beginn des Rollenspiels die Darstellenden sich vorgestellt haben und in Abgrenzung dazu auch ihre Rolle einen Namen hat, mit dem sie angesprochen werden kann. Das ist wichtig, da es nicht um die Schüler*innen persönlich gehen soll, die das Rollenspiel ausgeführt haben, sondern um deren Rollen, die ja repräsentativ für viele Jugendliche stehen. Diese Abgrenzung kann durch Namensaufkleber mit den Rollennamen auf dem T-Shirt, durch Pappaufsteller oder Umhängeschilder sichtbar gemacht werden.

Fragen der Zuschauenden können sich darauf beziehen, warum sich welche Rolle wie verhalten hat, was sie sich gewünscht hätte oder wie sie sich in bestimmten Situationen gefühlt hat. Die Darstellenden entscheiden selbst, ob sie auf die Fragen aus Sicht der Rolle antworten können und wollen und tun dies auch immer aus der Perspektive der Rolle (also z.B. „Ich glaube, Maik hat sich in der Situation nicht ernst genommen gefühlt“). Auch das Publikum kann zu ihren Vermutungen befragt werden. Um das Prinzip zu verdeutlichen können Sie selbst die erste Frage stellen.

15 min

Schritt 2.8 Präsentation der Jugendlichen [Alternative zu Schritt 2.6]

Hinweis: Dieser Schritt ist eine Alternative zu 2.6 und wird nur durchgeführt, wenn Sie sich in Schritt 2.3 der Vorbereitung gegen die Nutzung der Methode Rollenspiel entschieden haben.

Als nächstes kommen die Jugendlichen zu Wort. Mit einer zuvor vorbereiteten Präsentation (siehe Vorbereitung Schritt 2.4) erklären diese ihren Eltern, was sie sich für den Umgang mit Medien in der Familie wünschen. Ihre Aufgabe als Lehrkraft dabei ist es, den Vortrag anzumoderieren und die nötigen Materialien zur Verfügung zu stellen. Betonen Sie bei der Ankündigung, dass es sich um einen von den Jugendlichen selbständig erarbeiteten Beitrag handelt. Nach der ca. 8-minütigen Präsentation sollten die Vortragenden Applaus erhalten.

Anschließend bekommen die Eltern Gelegenheit, Fragen zu stellen, die sowohl von den Vortragenden als auch von den Jugendlichen im Publikum beantwortet werden können. Wichtig dabei ist, dass sich die Jugendlichen nicht für Ihre Wünsche rechtfertigen müssen. Sie können darauf verweisen, dass unterschiedliche Perspektiven und Wünsche normal und völlig in Ordnung sind – auch unter den Jugendlichen müssen nicht alle einer Meinung sein. Die Jugendlichen dürfen auf Nachfrage erklären, müssen sich aber auch nicht äußern.

Versuchen Sie die Frage-Runde auf etwa 5 bis 7 Minuten zu begrenzen und achten Sie darauf, dass zwischen den Eltern an dieser Stelle noch keine Diskussionen geführt werden, sondern die Position der Jugendlichen im Vordergrund steht. Sie können darauf verweisen, dass im nächsten Schritt Gelegenheit zur Diskussion besteht.

5-10 min

Schritt 2.9 Kurze Pause

Bevor sie zur nächsten Übung überleiten, empfiehlt es sich, eine kurze Pause von 5 bis 10 Minuten einzulegen. Der Zeitpunkt ist günstig, da die Pause auch Gelegenheit gibt, dass zwischen den Eltern und Jugendlichen Gespräche über das Rollenspiel bzw. die Präsentation der Jugendlichen entstehen – und den Dialog über Medienerziehung anzuregen, ist eines der Ziele von PARENT MEDIA!

30 min

Schritt 2.10 Meinungslinie zum Verhalten von Eltern und Jugendlichen

Die Methode der Meinungslinie wird Ihnen und auch den Eltern, die zum ersten Themenabend anwesend waren, schon bekannt sein. Auch die Jugendlichen kennen dieses Vorgehen bereits, wenn das Medienhelden Programm in der Klasse durchgeführt wurde. Diesmal geht es darum, Aussagen zu Verhaltensweisen von Jugendlichen und Eltern einzuordnen und Meinungen dazu auszutauschen.

Kleben Sie die Karten mit den beiden Extrempolen „super!" und „geht gar nicht!" in der Mitte des Raumes so auf den Boden, dass dazwischen mindestens vier bis fünf Meter Platz sind. Hierzu kann es sinnvoll sein, die Stühle ganz beiseite zu räumen. Verbinden Sie dann die beiden Extrempole mit einer Line aus Klebeband oder einem Faden, den Sie auf den Boden festkleben. Dies stellt die Meinungslinie dar.

Tipp: Bei sehr vielen Anwesenden kann es sinnvoll sein, die Teilnehmenden in zwei Gruppen aufzuteilen, die getrennte Kreise bilden. Die Aula, ein extra-Raum oder der Flur können den verfügbaren Platz erweitern. In diesem Fall fertigen Sie ein weiteres Set von Extrempolmarkierungen an und kleben zwei Meinungslinien. Die Karten können kopiert oder zur Not auf beide Gruppen aufgeteilt werden. Weniger Szenario-Karten bedeuten im Zweifel mehr Zeit, Meinungen zu den einzelnen Szenarien einzuholen!

Leiten Sie die Methode kurz ein, indem Sie den Zweck erläutern (z.B. „Als nächstes möchte ich Sie einladen ins Gespräch dazu zu kommen, wie wir über verschiedene Verhaltensweisen denken, die Jugendliche oder Eltern an den Tag legen können") und erneut darauf verweisen, dass unterschiedliche Ansichten dabei legitim sind und hier ein respektvoller, rücksichtsvoller Umgang miteinander sehr wichtig ist.

Bitten Sie nun die Eltern und eventuell anwesende Jugendliche, einen großen Kreis um die Meinungslinie zu bilden, sodass Platz in der Mitte bleibt. Am besten ist es, wenn Jugendliche und Eltern im Kreis ungefähr gleichmäßig verteilt sind. Als nächstes werden die Szenario-Karten verteilt, die anschließend von den Teilnehmenden entsprechend ihrer Haltung zum jeweiligen Verhaltensbeispiel an der Meinungslinie platziert werden sollen. Verteilen Sie die 15 Karten (Material TA2-2_10) nun an die Personen im Kreis, sodass zwar nicht jede*r eine Karte hat, die Karten aber ungefähr gleichmäßig über den Kreis und zwischen Eltern und Jugendlichen verteilt sind.

Anschließend lesen die Teilnehmenden der Reihe um ihre Karte vor und legen diese so an die Meinungslinie, dass es ihrer Haltung zum jeweiligen Verhaltensbeispiel entspricht. Fragen Sie anschließend die anderen Teilnehmenden, ob Sie das ähnlich sehen, oder wie sie die Zuordnung vorgenommen hätten und warum. Beziehen Sie hierbei besonders auch diejenigen Teilnehmenden ein, die bei der Verteilung keine eigene Karte erhalten haben.

Nachdem einige Karten gelegt und diskutiert wurden, nehmen Sie als zusätzliche Frage hinzu: „Was glauben Sie, was in den Jugendlichen (den Eltern) vorgeht, wenn die Eltern (die Jugendlichen) dieses Verhalten zeigen würden?"; „Wie könnten sich die Jugendlichen (die Eltern) stattdessen verhalten?"

Diese Übung dient dazu, dass die Teilnehmenden die Perspektive der anderen Gruppe übernehmen, ihr Verhalten reflektieren und neue Perspektiven auf Verhalten erhalten, dass ihnen normal oder abwegig vorkommt. Dadurch wird eine verständnisvolle Haltung gefördert, die die familiäre Kommunikation über Medien erleichtert und es wahrscheinlicher macht, dass die Eltern bei Cybermobbing-Fällen hilfreiche Unterstützung leisten können.

Schritt 2.11 Gemeinsame Zielformulierung der Eltern & Jugendlichen

5 min / 15 min

Nachdem Eltern und Jugendlichen jeweils die Perspektive der „anderen Seite" kennengelernt haben und dazu eingeladen wurden, sich in die jeweils andere Rolle hineinzuversetzen, geht es nun darum, dass die Angehörigen einer Familie gemeinsam festlegen, wie sie den Umgang mit Medien ganz individuell regeln. Hierfür steht der Vordruck „Zielvereinbarung" zur Verfügung (Material TA2-2_11). Diesen Bogen sollen die Jugendlichen jeweils gemeinsam mit ihren Eltern ausfüllen. Dabei geben Eltern und Jugendliche jeweils an, was ihnen wichtig ist, bevor gemeinsame Ziele formuliert werden. Die psychologische Forschung belegt, dass die Ausformulierung klarer Ziele und Zielverhaltensweisen die Wahrscheinlichkeit erhöht, dass Absichten umgesetzt werden. Das Blatt enthält auch einige Tipps zur Formulierung solcher Ziele, die aus Forschungsergebnissen abgeleitet sind.

Falls der zeitliche Rahmen des Themenabends es erlaubt, würden wir empfehlen, den Bogen bereits vor Ort ausfüllen zu lassen, wofür sich die Familien jeweils zusammensetzen und zunächst 10 Minuten Zeit bekommen. Wenn die Zeit zu knapp ist, können Sie den Bogen jedoch auch zum Ausfüllen zu Hause mitgeben. In diesem Fall sollten Sie hervorheben, dass

- … der Bogen ein mächtiges Werkzeug ist, auf dem die Erkenntnisse des Themenabends verarbeitet werden,
- … es dringend empfohlen wird, den Bogen gemeinsam (evtl. auch mit Geschwistern der Jugendlichen und anderen im Haushalt wohnenden Personen) auszufüllen,
- … der fertig ausgefüllte Bogen am besten irgendwo in der Wohnung ausgehängt wird, um alle an die gemeinsamen Ziele zu erinnern,
- … dies nachweislich dabei hilft, die Wünsche und Ziele im Alltag umzusetzen.

Schritt 2.12 Gedankenreise

10 min

Auch diese Methode dient dazu, die Umsetzung der Vorhaben zu einem guten Umgang mit Medien in der Familie zu fördern. Sie basiert auf Erkenntnissen der positiven Psychologie, die zeigen, dass bildliches Vorstellen von Zielzuständen und dem Überwinden von Hindernissen auf dem Weg dorthin dabei unterstützen, Ziele zu erreichen. Ebenso kann die Zuversicht in Bezug auf die Umsetzung durch diese Technik erhöht werden. Darüber hinaus bietet die Gedankenreise einen runden Abschluss für diesen Teil des Themenabends, bei dem die Teilnehmenden zur Ruhe finden und mit einem positiven Gefühl das Thema abschließen.

Sie können die Methode einleiten, indem Sie zum Beispiel sagen:

„Wir kommen nun zum Ende des Blocks zum Thema Medien in der Familie und ich möchte Sie einladen, sich vor Augen zu führen, wie der Umgang mit Medien in Ihrer Familie in Zukunft aussehen könnte, wenn alles so gelingt, wie Sie sich das wünschen. Dazu machen wir eine sogenannte Gedankenreise, die dabei hilft, sich Zielzustände vorzustellen und diese auch zu erreichen."

„Wenn Sie daran teilnehmen wollen, setzen Sie sich am besten entspannt hin. Sie können auch die Augen schließen, wenn Sie das möchten. Ich lese einen Text vor, der dazu anleitet, sich verschiedene Situationen bildlich vorzustellen. Fall Sie das nicht möchten, können Sie natürlich auch einfach nur zuhören und sich über die Fragen Gedanken machen, die ich dabei stelle. Die Technik ist aber um so wirksamer, je lebhafter Sie sich die beschriebenen Dinge vorstellen."

Lesen Sie nun den Text auf dem Blatt „Gedankenreise" (Material TA2-2_12) vor, wobei Sie die angegebenen Pausen lassen, damit sich die Teilnehmenden die beschriebenen Situationen vorstellen können. Falls einige Jugendliche oder Eltern nicht mitziehen und ggf. leichte Unruhe entsteht, lassen Sie sich davon nicht verunsichern. Es kann sein, dass nicht alle Teilnehmenden sich auf diese Methode einlassen wollen, doch für diejenigen, die es tun, wird es wahrscheinlich eine sehr positive Erfahrung sein.

Themenabend 2 – Teil 3: Zusammenarbeit von Jugendlichen, Eltern und Schule gegen Cybermobbing

Zeitbedarf: 40 Minuten

Im dritten Teil des zweiten Themenabends geht es darum, ganz konkret herauszuarbeiten, wer was beitragen kann, um Cybermobbing vorzubeugen und auf potenzielle Cybermobbing-Vorfälle angemessen zu reagieren. Dazu sammeln alle Anwesenden gemeinsam anhand eines Fallbeispiels Ideen und Vorschläge. Die dabei verwendete Präsentation TA2-3_1 enthält auch Vorschläge und Anregungen aus Expertensicht. Anschließend erarbeiten Sie mit den Anwesenden einen Plan, wie die zukünftige Zusammenarbeit aussehen soll. Auch hierfür liegen mit Material TA2-3_2 Vorlagen und Anregungen vor. Der fertige Plan soll von möglichst allen mitgetragen werden und später erhalten alle Eltern und Jugendliche sowie ggf. weitere Personen den Plan in Kopie.

Dieser Block ermöglicht das Finden von Handlungsmöglichkeiten, konkrete Handlungsplanung und die Festigung sozialer Normen, die ein Vorgehen gegen Cybermobbing unterstützen.

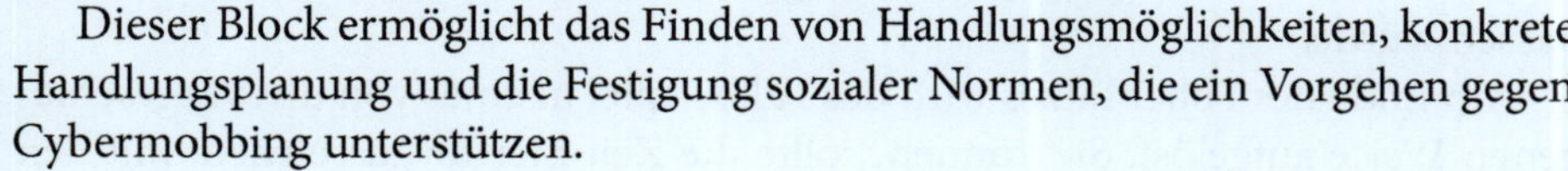

Ziele:

- Den Blick auf Zusammenarbeit und Lösungen richten
- Aufzeigen, welche Handlungsmöglichkeiten bestehen für Betroffene, Lehrkräfte, Eltern von Betroffenen und Ausübenden sowie „Bystander"
- Gemeinsame Zielsetzung und Zielvereinbarung
- Erstellen eines konkreten Plans zur Zusammenarbeit mit klaren Kommunikationswegen
- Soziale Normen beeinflussen und Intentionen stärken
- Ein Gefühl von geteilter Verantwortung und Gemeinschaft erzeugen

Das muss ich vorbereiten:

- Mich mit dem Foliensatz TA2-3_1 vertraut machen
- Die Folien TA2-3_1 sowie ggf. eigene Sprechernotizen mitbringen
- Ggf. ein Tafelbild oder Plakat für die Sammlung der Vorschläge (Schritt 3.1) vorbereiten
- Mir die Anregungen zur Zusammenarbeits-Vision anschauen (Material TA2-3_2)
- Plakat oder Tafelbild zum Erstellen der Vision vorbereiten (ggf. Druckvorlage in TA2-3_1 (enthalten in der gesammelten Präsentationsdatei) sowie TA2-3_2 nutzen)

20 min Schritt 3.1 Präsentation Ideensammlung: Wer kann was tun?

Nachdem am ersten Themenabend eine Definition von Cybermobbing und die Rolle der Eltern erörtert wurden und im bisherigen Teil des zweiten Themenabends die familiäre Kommunikation über Medien als präventiver Faktor im Fokus stand, richtet sich der Blick nun auf konkrete Maßnahmen zur Reaktion auf mögliches Cybermobbing. Zunächst geht es darum, wer (also Jugendliche, Eltern, Lehrkräfte) was beitragen kann, um auf solche Fälle angemessen zu reagieren.

Foliensatz TA2-3_1 führt durch diesen Schritt. Öffnen Sie die Präsentation und orientieren Sie sich an den Fragen auf den Folien. Zu Beginn wird ein Fallbeispiel eingeführt, anhand dessen die Eltern und Jugendlichen dann mit Ihrer Moderation Ideen sammeln, wer was unternehmen könnte, um zu helfen. Am besten sammeln Sie die Vorschläge auf einem Plakat oder in einem Tafelbild. Die Präsentation enthält auch Anregungen und Vorschläge aus Sicht von Expert*innen, die Sie ergänzend verwenden können oder auf die Sie zurückgreifen können, wenn die Teilnehmenden ratlos oder äußerst passiv sind.

Achten Sie bei der Moderation der Vorschläge darauf, dass Jugendliche und Eltern ähnlich oft zu Wort kommen und Bedenken ernstgenommen werden. Es müssen jedoch nicht alle Anwesenden einen Vorschlag gut finden, damit dieser aufgenommen werden kann. Es geht darum, eine Sammlung von Optionen zu machen, nicht darum ein Standardvorgehen zu definieren, dass auf alle Fälle passen würde.

Am Ende des Foliensatzes wird das Fallbeispiel in einer von uns vorgeschlagenen Weise aufgelöst. Sie können, sollte die Zeit hierfür ausreichen, mit den Teilnehmenden gemeinsam überlegen, ob sie noch eine andere Lösung gefunden hätte. Vielleicht eine noch bessere?

20 min Schritt 3.2 Gemeinsames erarbeiten einer Zusammenarbeits-Vision

Im letzten großen inhaltlichen Schritt des zweiten Themenabends geht es darum, dass Sie, die Jugendlichen und die Eltern eine konkrete Vision entwickeln, wie Sie in Zukunft gegen Cybermobbing zusammenarbeiten wollen. Wer achtet worauf? Wer such wann mit wem das Gespräch? Wer wird informiert? Wer tut dann was? Bringen Sie ihre Vorüberlegungen aus Vorbereitung 2.6 aktiv ein.

Ihre Perspektive als Lehrkraft ist wichtig! Achten Sie bei Ihren, aber auch bei den Beiträgen der Teilnehmenden darauf, dass Diskrepanzen angesprochen werden dürfen, aber stets respektvoll geäußert werden. Falls Sie merken, dass Ihre Vorüberlegungen nicht zu den Vorschlägen und Vorstellungen aus dem Plenum passen, suchen Sie gemeinsam mit den Eltern und Jugendlichen nach gemeinsamen Nennern und Möglichkeiten, die Bedürfnisse hinter den jeweiligen Vorstellungen zu berücksichtigen.

Um die Findung einer Vision zu erleichtern, liegen in Material TA2-3_2 ein Vordruck zum Kopieren auf ein großes Plakat sowie eine Beispiel-Vision vor. Sie können aber natürlich auch ein völlig eigenes Tafelbild oder Schema entwickeln. Wichtig dabei ist, dass dies durch die Teilnehmenden gemeinsam geschieht.

Für den Prozess ist es hilfreich, das angestrebte Produkt wirklich als Vision zu sehen: Es darf sich ruhig um einen Zielzustand handeln, der sich deutlich von der aktuellen Realität unterscheidet und der eventuell auch schwer zu erreichen scheint. Bedenken bezüglich der Umsetzbarkeit oder darüber, „ob das dann auch wirklich so funktionieren wird" sind berechtigt und wichtig, sollten im ersten Schritt aber zunächst zurückgestellt werden. Erlauben Sie sich und den Teilnehmenden hier einen Idealzustand zu erdenken.

Wenn Sie eine Struktur gefunden haben, die breite Zustimmung unter den Jugendlichen und Eltern erfährt und die auch Sie als Ziel mittragen können, überlegen Sie im zweiten Schritt gemeinsam, was konkret von dieser Vision jetzt schon machbar und umsetzbar ist. Halten Sie auch dies z.B. durch Markierungen auf dem Schema fest. Abschließend fotografieren Sie das fertige Produkt, um es später an die Eltern und Jugendlichen zu verbreiten (siehe Abschnitt „Nach dem 2. Themenabend").

Die Zweiteilung, bei der erst ein Wunsch-Zustand erdacht und dann Bedenken und schon Umsetzbares berücksichtigt werden, soll dazu führen, dass die Zuversicht um Motivation der Beteiligten höher ist, wenn es später um die Umsetzung der Vorgaben geht. Selbst, wenn nicht alle Aspekte der Vision am Ende umsetzbar sind, entsteht so eine gemeinsame Vorstellung davon, wie die Zusammenarbeit laufen sollte, was die Kommunikation erleichtert und das Vertrauen zwischen den Beteiligten fördert.

Themenabend 2 – Teil 4: Abschluss

Zeitbedarf:
20 Minuten

Im Letzten Abschnitt des zweiten Themenabends erhalten die Eltern eine Elternbroschüre, in der die Inhalte von PARENT MEDIA zusammengefasst sind, sowie ein Handout, das ein Kontaktformular enthält, mit dem sie Sie oder eine andere Lehrkraft kontaktieren können, falls sie Gesprächsbedarf zu Cybermobbing sehen (Schritt 4.2). Des Weiteren wird wieder die Blitzlicht-Methode genutzt, um Jugendlichen und Eltern die Möglichkeit zu geben, Feedback zu äußern (Schritt 4.1). Abschließend runden Sie die Veranstaltung ab und verabschieden die Teilnehmenden (Schritt 4.3).

Ziele:

- Die Eltern bekommen eine Kurzzusammenfassung der Inhalte
- Niedrigschwelliges Kontaktangebot und Notfallmaßnahmen auf einen Blick werden verfügbar
- Dazu anregen, sich auch nach Abschluss des Themenabends weiter mit dem Thema zu beschäftigen
- Möglichkeit Feedback zu geben / zu erhalten, wobei unterschiedliche Stimmen gehört werden
- Reflexion über Gelerntes / individuelle Take-Home-Messages
- Umsetzungsabsicht signalisieren
- Abrunden der Veranstaltung

Das muss ich vorbereiten:

- Handout II (Material TA2-4_2) in ausreichender Anzahl (ca. 1x pro anwesendem Haushalt) kopieren und mitbringen
- Die Elternbroschüre anschauen. Diese finden Sie als einzelnen Download (ohne Kennwortschutz) auf www.medienhelden.info/parentmedia
- Die Elternbroschüre in ausreichender Anzahl (ca. 1x pro anwesendem Haushalt) drucken, zusammenheften und mitbringen (evtl. Auto-Heft-Funktion des Kopierers nutzen) oder einen Zettel kopieren, auf dem die Eltern eingeladen werden die Broschüre als PDF von der Webseite herunterlzuladen.

10 min

Schritt 4.1 Blitzlicht-Feedback

Um Erkenntnisse des Abends zu festigen und den Eltern die Möglichkeit zu geben, Feedback zu äußern, nutzen Sie erneut die „Blitzlicht"-Methode. Dazu stellen Sie nacheinander eine Frage oder eine Aussage in den Raum und die Eltern und Jugendlichen reagieren als Antwort mit ein bis zwei Daumen nach oben, nach unten oder zur Seite (neutral). Anschließend gehen Sie kurz wie beim Ampelkarten-Blitzlicht auf kritische Stimmen, Mehrheiten und Minderheiten ein, wobei gilt: Jede*r darf, keine*r muss etwas sagen!

Fragen Sie zunächst, wie den Anwesenden der heutige Themenabend gefallen hat. Als zweites stellen Sie die Aussage in den Raum: „Ich habe heute etwas Neues gelernt oder nehme etwas aus der Veranstaltung mit." Auch hier erfolgt die Antwort in gleicher Weise und Sie können einzelne Stimmen erfragen.

5 min

Schritt 4.2 Aushändigen der Elternbroschüre und des Handout II

Teilen Sie nun Handout II (Material TA2-4_1) und die Elternbroschüre aus. Wenn Sie die Broschüre nicht drucken können oder möchten, können Sie auf die Download-Option verweisen. Sie können die Broschüre auch im Anschluss an den Themenabend per E-Mail versenden. Beides dient dazu, die Eltern nach Abschluss der Themenabende zu weiterer Beschäftigung mit Medienerziehung und Cybermobbing anzuregen, wofür Informationen und Literaturempfehlungen enthalten sind. Darüber hinaus erleichtert das Kontaktformular auf dem Handout die Kontaktaufnahme zu Lehrkräften, was die Zusammenarbeit gegen Cybermobbing unterstützt.

Schritt 4.3 Verabschiedung

5 min

Schließlich bringen Sie den zweiten Themenabend zu einem Runden Abschluss, indem Sie kurz darauf Bezug nehmen, was an diesem Tag erreicht wurde und indem Sie sich bei allen Teilnehmenden für die Mitarbeit bedanken. Dies ist auch eine gute Gelegenheit, um die Umsetzungsmotivation zu steigern, indem Sie Ihre Intention signalisieren, die erarbeitete Vision von Zusammenarbeit im Schulalltag umzusetzen. Die Sprechblase enthält einige Formulierungsbeispiele als Anregung.

Damit kommen wir zum Ende dieses intensiven Themenabends.
Wir haben heute über den Umgang mit Medien in der Familie reflektiert und uns darüber ausgetauscht, was wir uns voneinander wünschen. Schließlich haben wir ein gemeinsames Konzept für unsere Zusammenarbeite gegen Cybermobbing entwickelt.
Mir hat es großen Spaß gemacht / Ich fand es sehr aufschlussreich / Das war eine spannende Erfahrung auch für mich.
Ich möchte mich bei allen von Ihnen Bedanken für die rege Beteiligung und das Interesse
Ich freue mich darauf, unsere Vision in kleinen Schritten wahr werden zu lassen / Ich freue mich auf unsere weitere Zusammenarbeit.

Nach dem zweiten Themenabend

Nach Abschluss des zweiten Themenabends gilt es, die erarbeite Zusammenarbeits-Vision zu verbreiten und an deren Verwirklichung zu arbeiten. Indem Sie in Elterngesprächen das Thema Mediennutzung auf der Agenda behalten und auf Gesprächsanfragen oder Anzeichen für Probleme reagieren, leisten Sie einen zentralen Beitrag für die langfristige Wirkung von PARENT MEDIA.

N1 Zusammenarbeits-Vision verbreiten

Dieser Schritt erfolgt nach Abschluss des zweiten Themenabends, ist aber sehr wichtig für die nachhaltige Wirkung der darin erarbeiteten Zusammenarbeits-Vision. Um diese präsent zu halten und allen Beteiligten in Erinnerung zu rufen, sollte das erarbeitete Schaubild am besten in gedruckter Form verbreitet werden. Sie können das abfotografierte Ergebnis aus Schritt 3.2 drucken und eine Kopie über die Jugendlichen an alle Familien verteilen lassen. Wenn das Kontaktformular des Handout II und das Schaubild an den heimischen Kühlschrank gehängt werden, erhöht dies die Präsenz des Plans zur Zusammenarbeit und damit die Wahrscheinlichkeit, dass in einer Bedarfssituation eine Kontaktaufnahme erfolgt. Falls es einen offiziellen E-Mail-Verteiler gibt, können Sie zusätzlich eine digitale Version verbreiten. Auch ein Aushang als Plakat im Klassenzimmer erhöht die Sichtbarkeit der gemeinsamen Ziel-Vereinbarung. Eine Veröffentlichung auf der Schulwebseite, in einer Schülerzeitung oder im Status der Klassen-Chatgruppe sind weitere Optionen. Schließlich kann das Schaubild auch eine Möglichkeit sein, mit Eltern, Kolleg*innen oder der Schulleitung ins Gespräch über PARENT MEDIA zu kommen und weitere Unterstützende für die Zusammenarbeit zu gewinnen.

N2 Regelmäßige Elterngespräche und Gespräche bei Bedarf

Wir empfehlen das Thema Mediennutzung bei Elternabenden und Elterngesprächen zu verschiedenen Anlässen immer wieder aufzugreifen. Wie sind die Regeln für Smartphones auf dem Wandertag? Findet eine neue Schülerin, der es noch schwerfällt Kontakte zu knüpfen, digital Anschluss? Welche Trends kursieren unter den Jugendlichen in der Klasse?

Darüber hinaus gilt es natürlich, auf Gesprächsgesuche der Eltern einzugehen oder selbst, nach Absprache mit den Jugendlichen, die Eltern zu informieren, falls es Anzeichen für Mobbing-Vorkommnisse gibt (solche Anzeichen sind z.B. in der PARENT MEDIA Elternbroschüre beschrieben). Behalten Sie die erarbeitete Zusammenarbeits-Vision präsent. Sie soll die Zusammenarbeit mit den Eltern strukturieren und erleichtern. Falls sie dies auch in anderen Kontexten als Mediennutzung und Mobbing-Prävention tut – umso besser.

Literaturnachweise

Ajzen, I. (1991). The theory of planned behavior. Organizational Behavior and Human Decision Processes, 50(2), 179–211. https://doi.org/10.1016/0749-5978(91)90020-T

Ajzen, I. (2002). Perceived behavioral control, self-efficacy, locus of control, and the theory of planned behavior. Journal of Applied Social Psychology, 32(4), 665–683.

Alkhallouf, A. (2021). Parental cyberbullying through a global lens: Children's digital rights and social media policies. Journal of Children and Media, 15(3), 448–453. https://doi.org/10.1080/17482798.2021.1942662

Austin, E. W., Bolls, P., Fujioka, Y., & Engelbertson, J. (1999). How and why parents take on the tube. Journal of Broadcasting & Electronic Media, 43(2), 175–192. https://doi.org/10.1080/08838159909364483

Bartholomew Eldredge, L. K., Markham, C. M., Ruiter, R. A. C., Fernández, M. E., Kok, G., & Parcel, G. S. (2016). Planning health promotion programs: An intervention mapping approach (4th ed.). Jossey-Bass. http://d-nb.info/1081720638/34

Beelmann, A., & Karing, C. (2014). Implementationsfaktoren und -prozesse in der Präventionsforschung: Strategien, Probleme, Ergebnisse, Perspektiven. Psychologische Rundschau, 65(3), 129–139. https://doi.org/10.1026/0033- 3042/a000215

Broll, R., Crooks, C. V., Burns, S., Hughes, R., & Jaffe, P. G. (2013). Parental monitoring, media literacy, and media violence: A preliminary evaluation of the fourth R Parent Media Violence Workshop. International Journal of Child, Youth and Family Studies, 4(2), 301–319. https://doi.org/10.18357/ijcyfs42201311602

Broll, R., & Reynolds, D. (2021). Parental responsibility, blameworthiness, and bullying: Parenting style and adolescents' experiences with traditional bullying and cyberbullying. Criminal Justice Policy Review, 32(5), 447–468. https://doi.org/10.1177/0887403420921443

Clark, L. S. (2011). Parental mediation theory for the digital age. Com- munication Theory, 21(4), 323–343. https://doi.org/10.1111/j.1468-2885.2011.01391.x

Cross, D., Shaw, T., Hadwen, K., Cardoso, P., Slee, P., Roberts, C., Thomas, L., & Barnes, A. (2016). Longitudinal impact of the Cyber Friendly Schools program on adolescents' cyberbullying behavior. Aggressive Behavior, 42(2), 166–180. https://doi.org/10.1002/ab.21609

Cunningham, C. E., Rimas, H., Mielko, S., Mapp, C., Cunningham, L., Buchanan, D., Vaillancourt, T., Chen, Y., Deal, K., & Marcus, M. (2016). What limits the effectiveness of antibullying programs? A thematic analysis of the perspective of teachers. Journal of School Violence, 15(4), 460–482. https://doi.org/10.1080/15388220.2015.1095100

DeSmet, A., Rodelli, M., Walrave, M., Portzky, G., Dumon, E., & Soenens,
B. (2021). The moderating role of parenting dimensions in the associati- on between traditional or cyberbullying victimization and mental health among adolescents of different sexual orientation. International Journal of Environmental Research and Public Health, 18(6), Article 2867. https://doi.org/10.3390/ijerph18062867

Durlak, J. A., & DuPre, E. P. (2008). Implementation matters: A review of research on the influence of implementation on program outcomes and the factors affecting implementation. American Journal of Community Psychology, 41, 327–350. https://doi.org/10.1007/s10464-008-9165-0

Eichen, L., Hackl-Wimmer, S., Eglmaier, M. T. W., Lackner, H. K., Manuela, P., Rettenbacher, K., Rominger, C., & Walter-Laager, C. (2021). Families' digital media use: Intentions, rules and activities. British Journal of Educational Technology, 52(6), 2162–2177. https://doi.org/10.1111/bjet.13161

Elsaesser, C., Russell, B., Ohannessian, C. M., & Patton, D. (2017). Parenting in a digital age: A review of parents' role in preventing adolescent cyberbullying.Aggression and Violent Behavior, 35, 62–72. https://doi.org/10.1016/j.avb.2017.06.004

Fend, H. (1998). Eltern und Freunde: Soziale Entwicklung im Jugendalter. Huber.

Gómez-Ortiz, O., Romera, E. M., Ortega-Ruiz, R., & Del Rey, R. (2018). Parenting practices as risk or preventive factors for adolescent involvement in cyberbullying: Contribution of children and parent gender. International Journal of Environmental Research and Public Health, 15(12), Article 2664. https://doi.org/10.3390/ijerph15122664

Gradinger, P., Strohmeier, D., & Spiel, C. (2017). Parents' and teachers' opinions on bullying and cyberbullying prevention: The relevance of their own children's or students' involvement. Zeitschrift für Psychologie, 225(1), 76–84. https://doi.org/10.1027/2151-2604/a000278

Katz, I., Lemish, D., Cohen, R., & Arden, A. (2019). When parents are inconsistent: Parenting style and adolescents' involvement in cyberbullying. Journal of Adolescence, 74, 1–12. https://doi.org/10.1016/j.adolescence.2019.04.006

Kliem, S., Krieg, Y., & Baier, D. (2020). Allgemeine und spezifische Entwicklung von Cybermobbing unter Jugendlichen. Kindheit & Entwicklung 29(2), 67–74. https://doi.org/10.1026/0942-5403/a000304

López-Castro, L., & Priegue, D. (2019). Influence of family variables on cy- berbullying perpetration and victimization: A systematic literature review. Social Sciences, 8(3), Article 98. https://doi.org/10.3390/socsci8030098

Marciano, L., Schulz, P. J., & Camerini, A. L. (2020). Cyberbullying perpetration and victimization in youth: A meta-analysis of longitudinal studies. Journal of Computer-Mediated Communication, 25(2), 163–181. https://doi.org/10.1093/jcmc/zmz031

Martinez, I., Murgui, S., Garcia, O. F., & Garcia, F. (2019). Parenting in the digital era: Protective and risk parenting styles for traditional bullying and cyberbullying victimization. Computers in Human Behavior, 90, 84–92. https://doi.org/10.1016/j.chb.2018.08.036

Mesch, G. S. (2018). Parent-child connections on social networking sites and cyberbullying. Youth & Society, 50(8), 1145–1162. https://doi.org/10.1177/0044118X16659685

Midamba, N., & Moreno, M. (2019). Differences in parent and adolescent views on cyberbullying in the US. Journal of Children and Media, 13(1), 106–115. https://doi.org/10.1080/17482798.2018.1544159

Moreno–Ruiz, D., Martínez–Ferrer, B., & García–Bacete, F. (2019). Parenting styles, cyberaggression, and cybervictimization among adolescents. Computers in Human Behavior, 93, 252–259. https://doi.org/10.1016/j.chb.2018.12.031

Nappa, M. R., Palladino, B. E., Nocentini, A., & Menesini, E. (2021). Do the face-to-face actions of adults have an online impact? The effects of parent and teacher responses on cyberbullying among students. European Journal of De- velopemental Psychology, 18(6), 798–813. https://doi.org/10.1080/17405629. 2020.1860746

Padilla-Walker, L. M., Coyne, S. M., & Collier, K. M. (2016). Longitudinal relations between parental media monitoring and adolescent aggression, prosocial behavior, and externalizing problems. Journal of Adolescence, 46, 86–97. https://doi.org/10.1016/j.adolescence.2015.11.002

Petermann, F., & Marées, N. von (2013). Cyber-Mobbing: Eine Bestandsauf- nahme. Kindheit & Entwicklung, 22(3), 145–154. https://doi.org/10.1026/0942-5403/a000111

Pfetsch, J. (2018). Jugendliche Nutzung digitaler Medien und elterliche Medienerziehung – Ein Forschungsüberblick. Praxis der Kinderpsychologie und Kinderpsychiatrie, 67(2), 110–133. https://doi.
org/10.13109/prkk.2018.67.2.110

Porsch, T., & Pieschl, S. (2014). Cybermobbing unter deutschen Schülerinnen und Schülern: Eine repräsentative Studie zu Prävalenz, Folgen und Risikofaktoren. Diskurs Kindheits- Und Jugendforschung, 9(1), 7–22. https://doi.org/10.3224/diskurs.v9i1.19080

Sampasa-Kanyinga, H., Lalande, K., & Colman, I. (2020). Cyberbullying vic- timisation and internalising and externalising problems among adolescents: the moderating role of parent-child relationship and child's sex. Epidemiology and Psychiatric Sciences, 29(e8), 1–10. https://doi.org/10.1017/ S2045796018000653

Sasson, H., & Mesch, G. (2017). The role of parental mediation and peer norms on the likelihood of cyberbullying. Journal of Genetic Psychology, 178(1), 15–27. https://doi.org/10.1080/00221325.2016.1195330

Schultze-Krumbholz, A., Zagorscak, P., Roosen-Runge, A., & Scheithauer, H. (2021).Medienhelden: Unterrichtsmanual zur Förderung von Medienkompetenz und Prävention von Cybermobbing (3. Auflage). Ernst Reinhardt Verlag. https://elibrary.utb.de/doi/book/10.2378/9783497614264

Tal, T., & Prebor, G. (2020). Parents' awareness and involvement in dealing with cyberbullying. LIBRI – International Journal of Libraries and Information Studies, 70(2), 95–107. https://doi.org/10.1515/libri- 2019-0129

van Niejenhuis, C., Huitsing, G., & Veenstra, R. (2020). Working with parents to counteract bullying: A randomized controlled trial of an intervention to improve parent-school cooperation. Scandinavian Journal of Psychology, 61, 117–131. https://doi.org/10.1111/sjop.12522

Walch, R., & Sabey, A. (2020). Parental monitoring of adolescent social media use and emotional regulation. Family Perspectives, 1(1), Article 12. https://scholarsarchive.byu.edu/familyperspectives/vol1/iss1/12

Wright, M. (2018). Cyberbullying victimization through social networking sites and adjustment difficulties: The role of parental mediation. Journal of the Association for Information Systems, 19(2), 113–123. https://doi.org/10.17705/jais1.00486

Zurcher, J. D., Holmgren, H. G., Coyne, S. M., Barlett, C. P., & Yang, C. (2018). Parenting and cyberbullying across adolescence, Cyberpsychology Behavior and Social Networking, 21(5), 294–303. https://doi.org/10.1089/cyber.2017.0586

Zych, I., Gómez-Ortiz, O., Fernández Touceda, L., Nasaescu, E., & Llorent, V. J. (2020). Parental moral disengagement induction as a predictor of bullying and cyberbullying: Mediation by children's moral disengagement, moral emotions, and validation of a questionnaire. Child Indicators Research, 13, 1065–1083. https://doi.org/10.1007/s12187-019-09670-2

Materialien

Auf den folgenden Seiten sind die zum PARENT MEDIA Manual gehörenden Materialien im Mini-Format, zum besseren Wiedererkennen abgedruckt. Beachten Sie, dass es sich bei den Miniaturen teilweise um Auszüge handelt. Die Vollständigen Materialien finden Sie in der digitalen Materialsammlung. So können Sie sich einen Überblick über die eingesetzten Arbeitsblätter und Vorlagen verschaffen. Die Benennung richtet sich dabei nach dem Themenabend, auf dem Sie Verwendung finden (TA1 oder TA2) plus dem Block und dem Manual-Schritt. So steht z.B. TA2-2_11 für ein Dokument, dass Sie am zweiten Themenabend im zweiten Block (Umgang mit Medien in der Familie) bei Schritt 11 benötigen.

Als Druckvorlage und für die praktische Arbeit empfehlen wir die Verwendung der digitalen Materialsammlung, in der Ihnen die folgenden Dateien konstenfrei zur Verfügung stehen:

PARENT MEDIA Material.pdf	Die gesammelten Kopiervorlagen zum Programm
PARENT MEDIA Präsentation.pptx	Alle benötigten Folien in einer Datei (MS Office PowerPoint)
PARENT MEDIA Präsentation.odp	Alle benötigten Folien in einer Datei (z.B. für LibreOffice)
PARENT MEDIA Präsentation.pdf	Alle Folien ohne Animationen als Notfallalternative
PERENT MEDIA Elternbroschüre.pdf	Die Broschüre für die Eltern zum Ausdrucken/als eBook

Die Materialsammlung finden Sie in einer ZIP-Datei auf der Website zum Manual (Webadresse **https://www.medienhelden.info/parentmedia/** eingeben oder den QR-Code einscannen). Bitte geben Sie nach Klick auf den Download-Button das Passwort *medien&kompetenz* ein.

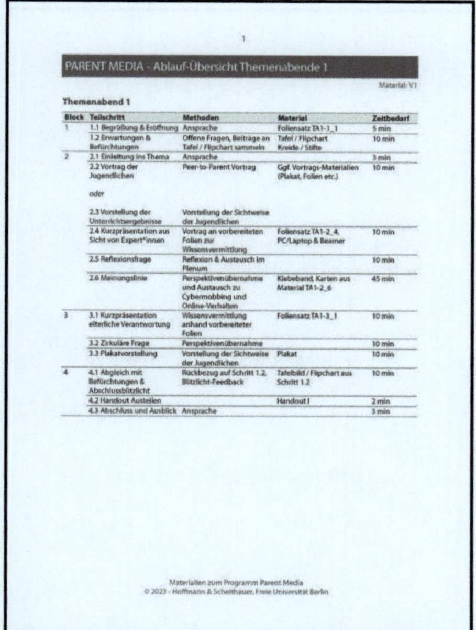

1

PARENT MEDIA - Ablauf-Übersicht Themenabende 1

Material: V1

Themenabend 1

Block	Teilschritt	Methoden	Material	Zeitbedarf
1	1.1 Begrüßung & Eröffnung	Ansprache	Foliensatz TA1-1_1	5 min
	1.2 Erwartungen & Befürchtungen	Offene Fragen, Beiträge an Tafel / Flipchart sammeln	Tafel / Flipchart Kreide / Stifte	10 min
2	2.1 Einleitung ins Thema	Ansprache		3 min
	2.2 Vortrag der Jugendlichen *oder* 2.3 Vorstellung der Unterrichtsergebnisse	Peer-to-Parent Vortrag Vorstellung der Sichtweise der Jugendlichen	Ggf. Vortrags-Materialien (Plakat, Folien etc.)	10 min
	2.4 Kurzpräsentation aus Sicht von Expert*innen	Vortrag an vorbereiteten Folien zur Wissensvermittlung	Foliensatz TA1-2_4, PC/Laptop & Beamer	10 min
	2.5 Reflexionsfrage	Reflexion & Austausch im Plenum		10 min
	2.6 Meinungslinie	Perspektivenübernahme und Austausch zu Cybermobbing und Online-Verhalten	Klebeband, Karten aus Material TA1-2_6	45 min
3	3.1 Kurzpräsentation elterliche Verantwortung	Wissensvermittlung anhand vorbereiteter Folien	Foliensatz TA1-3_1	10 min
	3.2 Zirkuläre Frage	Perspektivenübernahme		10 min
	3.3 Plakatvorstellung	Vorstellung der Sichtweise der Jugendlichen	Plakat	10 min
4	4.1 Abgleich mit Befürchtungen & Abschlussblitzlicht	Rückbezug auf Schritt 1.2, Blitzlicht-Feedback	Tafelbild / Flipchart aus Schritt 1.2	10 min
	4.2 Handout Austeilen		Handout I	2 min
	4.3 Abschluss und Ausblick	Ansprache		3 min

Materialien zum Programm Parent Media
© 2023 - Hoffmann & Scheithauer, Freie Universität Berlin

V1: Übersicht Ablauf Themenabende

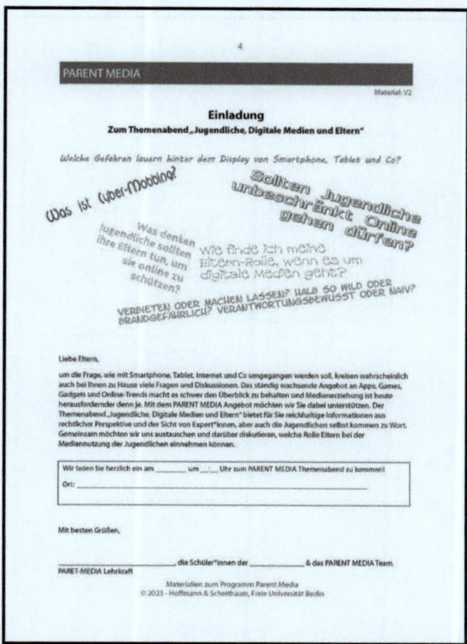

4

PARENT MEDIA

Material: V2

Einladung

Zum Themenabend „Jugendliche, Digitale Medien und Eltern"

Liebe Eltern,

um die Frage, wie mit Smartphone, Tablet, Internet und Co umgegangen werden soll, kreisen wahrscheinlich auch bei Ihnen zu Hause viele Fragen und Diskussionen. Das ständig wachsende Angebot an Apps, Games, Gadgets und Online-Trends macht es schwer den Überblick zu behalten und Medienerziehung ist heute herausfordernder denn je. Mit dem PARENT MEDIA Angebot möchten wir Sie dabei unterstützen. Der Themenabend „Jugendliche, Digitale Medien und Eltern" bietet für Sie reichhaltige Informationen aus rechtlicher Perspektive und der Sicht von Expert*innen, aber auch die Jugendlichen selbst kommen zu Wort. Gemeinsam möchten wir uns austauschen und darüber diskutieren, welche Rolle Eltern bei der Mediennutzung der Jugendlichen einnehmen können.

Wir laden Sie herzlich ein am ________ um __:__ Uhr zum PARENT MEDIA Themenabend zu kommen!

Ort: ______________________________

Mit besten Grüßen,

______________________, die Schüler*innen der ____________ & das PARENT MEDIA Team.
PARET-MEDIA Lehrkraft

Materialien zum Programm Parent Media
© 2023 - Hoffmann & Scheithauer, Freie Universität Berlin

V2: Einladungsschreiben TA1

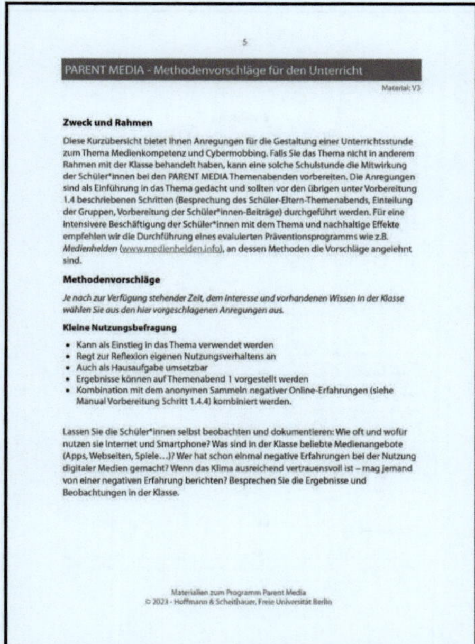

5

PARENT MEDIA - Methodenvorschläge für den Unterricht

Material: V3

Zweck und Rahmen

Diese Kurzübersicht bietet Ihnen Anregungen für die Gestaltung einer Unterrichtsstunde zum Thema Medienkompetenz und Cybermobbing. Falls Sie das Thema nicht in anderem Rahmen mit der Klasse behandelt haben, kann eine solche Schulstunde die Mitwirkung der Schüler*innen bei den PARENT MEDIA Themenabenden vorbereiten. Die Anregungen sind als Einführung in das Thema gedacht und sollten vor den übrigen unter Vorbereitung 1.4 beschriebenen Schritten (Besprechung des Schüler-Eltern-Themenabends, Einteilung der Gruppen, Vorbereitung der Schüler*innen-Beiträge) durchgeführt werden. Für eine intensivere Beschäftigung der Schüler*innen mit dem Thema und nachhaltige Effekte empfehlen wir die Durchführung eines evaluierten Präventionsprogramms wie z.B. *Medienhelden* (www.medienhelden.info), an dessen Methoden die Vorschläge angelehnt sind.

Methodenvorschläge

Je nach zur Verfügung stehender Zeit, dem Interesse und vorhandenen Wissen in der Klasse wählen Sie aus den hier vorgeschlagenen Anregungen aus.

Kleine Nutzungsbefragung

- Kann als Einstieg in das Thema verwendet werden
- Regt zur Reflexion eigenen Nutzungsverhaltens an
- Auch als Hausaufgabe umsetzbar
- Ergebnisse können auf Themenabend 1 vorgestellt werden
- Kombination mit dem anonymen Sammeln negativer Online-Erfahrungen (siehe Manual Vorbereitung Schritt 1.4.4) kombiniert werden.

Lassen Sie die Schüler*innen selbst beobachten und dokumentieren: Wie oft und wofür nutzen sie Internet und Smartphone? Was sind in der Klasse beliebte Medienangebote (Apps, Webseiten, Spiele…)? Wer hat schon einmal negative Erfahrungen bei der Nutzung digitaler Medien gemacht? Wenn das Klima ausreichend vertrauensvoll ist – mag jemand von einer negativen Erfahrung berichten? Besprechen Sie die Ergebnisse und Beobachtungen in der Klasse.

Materialien zum Programm Parent Media
© 2023 - Hoffmann & Scheithauer, Freie Universität Berlin

V3: Methodenvorschläge

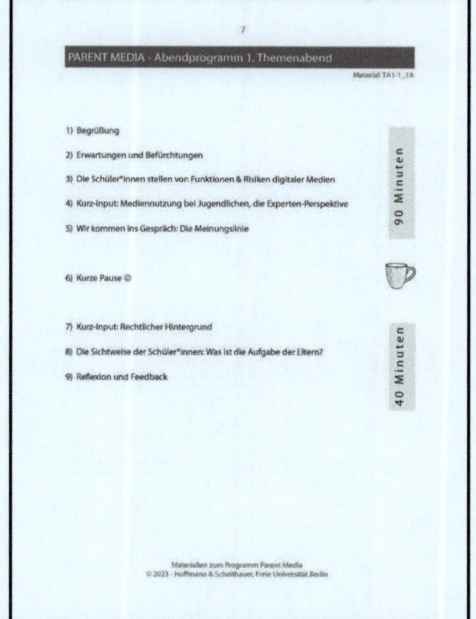

7

PARENT MEDIA - Abendprogramm 1. Themenabend

Material: TA1-1_1A

1) Begrüßung
2) Erwartungen und Befürchtungen
3) Die Schüler*innen stellen vor: Funktionen & Risiken digitaler Medien
4) Kurz-Input: Mediennutzung bei Jugendlichen, die Experten-Perspektive
5) Wir kommen ins Gespräch: Die Meinungslinie

90 Minuten

6) Kurze Pause ☺

7) Kurz-Input: Rechtlicher Hintergrund
8) Die Sichtweise der Schüler*innen: Was ist die Aufgabe der Eltern?
9) Reflexion und Feedback

40 Minuten

Materialien zum Programm Parent Media
© 2023 - Hoffmann & Scheithauer, Freie Universität Berlin

TA1-1_1 A/B: Abendprogramm TA 1

► Die Abgedruckten Miniaturen stellen einen Auszug aus den jeweiligen Materialien dar und dienen der Übersicht. Die vollständigen Materialien finden Sie zum Download unter **www.medienhelden.info/parentmedia**

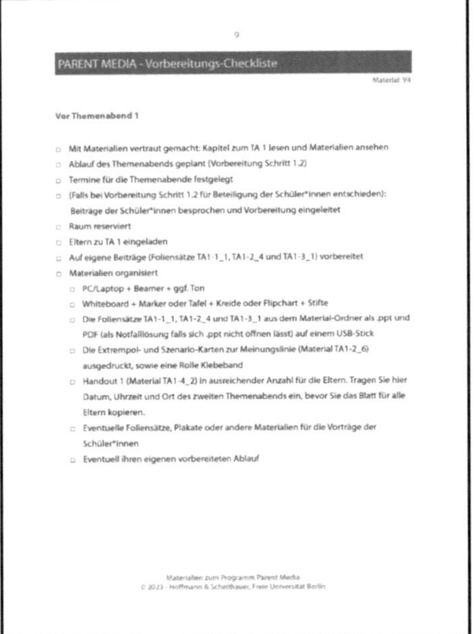

9

PARENT MEDIA - Vorbereitungs-Checkliste

Material: V4

Vor Themenabend 1

- Mit Materialien vertraut gemacht: Kapitel zum TA 1 lesen und Materialien ansehen
- Ablauf des Themenabends geplant (Vorbereitung Schritt 1.2)
- Termine für die Themenabende festgelegt
- (Falls bei Vorbereitung Schritt 1.2 für Beteiligung der Schüler*innen entschieden): Beiträge der Schüler*innen besprochen und Vorbereitung eingeleitet
- Raum reserviert
- Eltern zu TA 1 eingeladen
- Auf eigene Beiträge (Foliensätze TA1-1_1, TA1-2_4 und TA1-3_1) vorbereitet
- Materialien organisiert
  - PC/Laptop + Beamer + ggf. Ton
  - Whiteboard + Marker oder Tafel + Kreide oder Flipchart + Stifte
  - Die Foliensätze TA1-1_1, TA1-2_4 und TA1-3_1 aus dem Material-Ordner als .ppt und PDF (als Notfalllösung falls sich .ppt nicht öffnen lässt) auf einem USB-Stick
  - Die Extrempol- und Szenario-Karten zur Meinungslinie (Material TA1-2_6) ausgedruckt, sowie eine Rolle Klebeband
  - Handout 1 (Material TA1-4_2) in ausreichender Anzahl für die Eltern. Tragen Sie hier Datum, Uhrzeit und Ort des zweiten Themenabends ein, bevor Sie das Blatt für alle Eltern kopieren.
  - Eventuelle Foliensätze, Plakate oder andere Materialien für die Vorträge der Schüler*innen
  - Eventuell ihren eigenen vorbereiteten Ablauf

Materialien zum Programm Parent Media
© 2023 · Hoffmann & Scheithauer, Freie Universität Berlin

V4: Vorbereitungscheckliste TA 1

10

PARENT MEDIA - Markierungen und Szenario-Karten Meinungslinie

Material: TA1-2_6

Stimme überhaupt nicht zu!

Stimme voll und ganz zu!

Materialien zum Programm Parent Media
© 2023 · Hoffmann & Scheithauer, Freie Universität Berlin

TA1-2_6: Szenariokarten Meinungslinie TA1

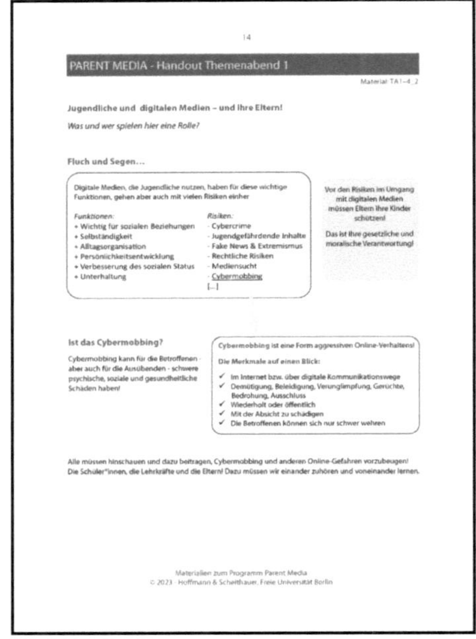

14

PARENT MEDIA - Handout Themenabend 1

Material: TA1-4_2

Jugendliche und digitalen Medien – und ihre Eltern!

Was und wer spielen hier eine Rolle?

Fluch und Segen…

Digitale Medien, die Jugendliche nutzen, haben für diese wichtige Funktionen, gehen aber auch mit vielen Risiken einher

Funktionen:	*Risiken:*
+ Wichtig für sozialen Beziehungen	- Cybercrime
+ Selbständigkeit	- Jugendgefährdende Inhalte
+ Alltagsorganisation	- Fake News & Extremismus
+ Persönlichkeitsentwicklung	- Rechtliche Risiken
+ Verbesserung des sozialen Status	- Mediensucht
+ Unterhaltung	- Cybermobbing
	[…]

Vor den Risiken im Umgang mit digitalen Medien müssen Eltern ihre Kinder schützen!

Das ist ihre gesetzliche und moralische Verantwortung!

Ist das Cybermobbing?

Cybermobbing kann für die Betroffenen - aber auch für die Ausübenden - schwere psychische, soziale und gesundheitliche Schäden haben!

Cybermobbing ist eine Form aggressiven Online-Verhaltens!

Die Merkmale auf einen Blick:

- ✓ Im Internet bzw. über digitale Kommunikationswege
- ✓ Demütigung, Beleidigung, Verunglimpfung, Gerüchte, Bedrohung, Ausschluss
- ✓ Wiederholt oder öffentlich
- ✓ Mit der Absicht zu schädigen
- ✓ Die Betroffenen können sich nur schwer wehren

Alle müssen hinschauen und dazu beitragen, Cybermobbing und anderen Online-Gefahren vorzubeugen! Die Schüler*innen, die Lehrkräfte und die Eltern! Dazu müssen wir einander zuhören und voneinander lernen.

Materialien zum Programm Parent Media
© 2023 · Hoffmann & Scheithauer, Freie Universität Berlin

TA1-4_2: Handout I

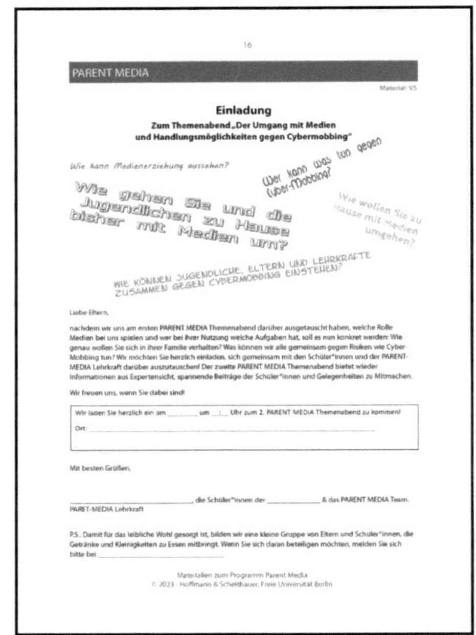

16

PARENT MEDIA

Material: V5

Einladung

Zum Themenabend „Der Umgang mit Medien und Handlungsmöglichkeiten gegen Cybermobbing"

Liebe Eltern,

nachdem wir uns am ersten PARENT MEDIA Themenabend darüber ausgetauscht haben, welche Rolle Medien bei uns spielen und wer bei ihrer Nutzung welche Aufgaben hat, soll es nun konkret werden: Wie genau wollen Sie sich in ihrer Familie verhalten? Was können wir alle gemeinsam gegen Risiken wie Cyber-Mobbing tun? Wir möchten Sie herzlich einladen, sich gemeinsam mit den Schüler*innen und der PARENT-MEDIA Lehrkraft darüber auszutauschen! Der zweite PARENT MEDIA Themenabend bietet wieder Informationen aus Expertensicht, spannende Beiträge der Schüler*innen und Gelegenheiten zu Mitmachen.

Wir freuen uns, wenn Sie dabei sind!

Wir laden Sie herzlich ein am ________ um __:__ Uhr zum 2. PARENT MEDIA Themenabend zu kommen!

Ort: ____________________

Mit besten Grüßen,

____________________, die Schüler*innen der ____________ & das PARENT MEDIA Team.
PARET-MEDIA Lehrkraft

P.S.. Damit für das leibliche Wohl gesorgt ist, bilden wir eine kleine Gruppe von Eltern und Schüler*innen, die Getränke und Kleinigkeiten zu Essen mitbringt. Wenn Sie sich daran beteiligen möchten, melden Sie sich bitte bei ____________________

Materialien zum Programm Parent Media
© 2023 · Hoffmann & Scheithauer, Freie Universität Berlin

V5: Einladungsschreiben TA2

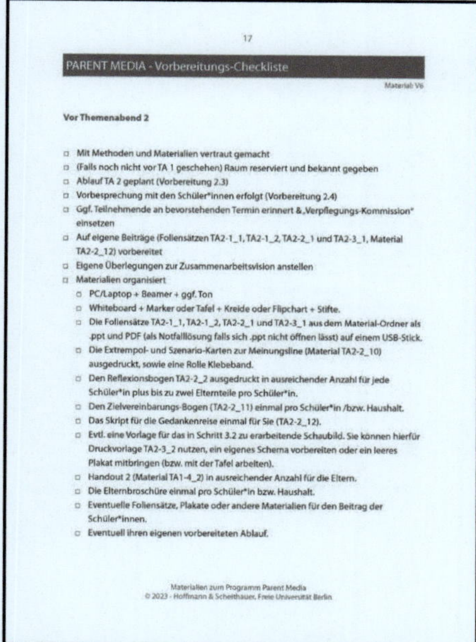

17

PARENT MEDIA - Vorbereitungs-Checkliste

Material: V6

Vor Themenabend 2

- ☐ Mit Methoden und Materialien vertraut gemacht
- ☐ (Falls noch nicht vor TA 1 geschehen) Raum reserviert und bekannt gegeben
- ☐ Ablauf TA 2 geplant (Vorbereitung 2.3)
- ☐ Vorbesprechung mit den Schüler*innen erfolgt (Vorbereitung 2.4)
- ☐ Ggf. Teilnehmende an bevorstehenden Termin erinnert & „Verpflegungs-Kommission" einsetzen
- ☐ Auf eigene Beiträge (Foliensätzen TA2-1_1, TA2-1_2, TA2-2_1 und TA2-3_1, Material TA2-2_12) vorbereitet
- ☐ Eigene Überlegungen zur Zusammenarbeitsvision anstellen
- ☐ Materialien organisiert
  - ☐ PC/Laptop + Beamer + ggf. Ton
  - ☐ Whiteboard + Marker oder Tafel + Kreide oder Flipchart + Stifte.
  - ☐ Die Foliensätze TA2-1_1, TA2-1_2, TA2-2_1 und TA2-3_1 aus dem Material-Ordner als .ppt und PDF (als Notfalllösung falls sich .ppt nicht öffnen lässt) auf einem USB-Stick.
  - ☐ Die Extrempol- und Szenario-Karten zur Meinungsline (Material TA2-2_10) ausgedruckt, sowie eine Rolle Klebeband.
  - ☐ Den Reflexionsbogen TA2-2_2 ausgedruckt in ausreichender Anzahl für jede Schüler*in plus bis zu zwei Elternteile pro Schüler*in.
  - ☐ Den Zielvereinbarungs-Bogen (TA2-2_11) einmal pro Schüler*in /bzw. Haushalt.
  - ☐ Das Skript für die Gedankenreise einmal für Sie (TA2-2_12).
  - ☐ Evtl. eine Vorlage für das in Schritt 3.2 zu erarbeitende Schaubild. Sie können hierfür Druckvorlage TA2-3_2 nutzen, ein eigenes Schema vorbereiten oder ein leeres Plakat mitbringen (bzw. mit der Tafel arbeiten).
  - ☐ Handout 2 (Material TA1-4_2) in ausreichender Anzahl für die Eltern.
  - ☐ Die Elternbroschüre einmal pro Schüler*in bzw. Haushalt.
  - ☐ Eventuelle Foliensätze, Plakate oder andere Materialien für den Beitrag der Schüler*innen.
  - ☐ Eventuell ihren eigenen vorbereiteten Ablauf.

Materialien zum Programm Parent Media
© 2023 - Hoffmann & Scheithauer, Freie Universität Berlin

V6: Vorbereitungscheckliste TA2

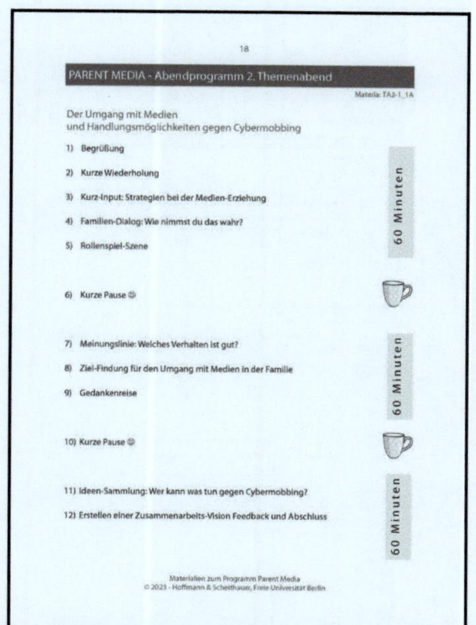

18

PARENT MEDIA - Abendprogramm 2. Themenabend

Materia: TA2-1_1A

Der Umgang mit Medien
und Handlungsmöglichkeiten gegen Cybermobbing

1) Begrüßung
2) Kurze Wiederholung
3) Kurz-Input: Strategien bei der Medien-Erziehung
4) Familien-Dialog: Wie nimmst du das wahr?
5) Rollenspiel-Szene

60 Minuten

6) Kurze Pause ☺

7) Meinungslinie: Welches Verhalten ist gut?
8) Ziel-Findung für den Umgang mit Medien in der Familie
9) Gedankenreise

60 Minuten

10) Kurze Pause ☺

11) Ideen-Sammlung: Wer kann was tun gegen Cybermobbing?
12) Erstellen einer Zusammenarbeits-Vision Feedback und Abschluss

60 Minuten

Materialien zum Programm Parent Media
© 2023 - Hoffmann & Scheithauer, Freie Universität Berlin

TA2-1_1 A/B: Abendprogramm TA2

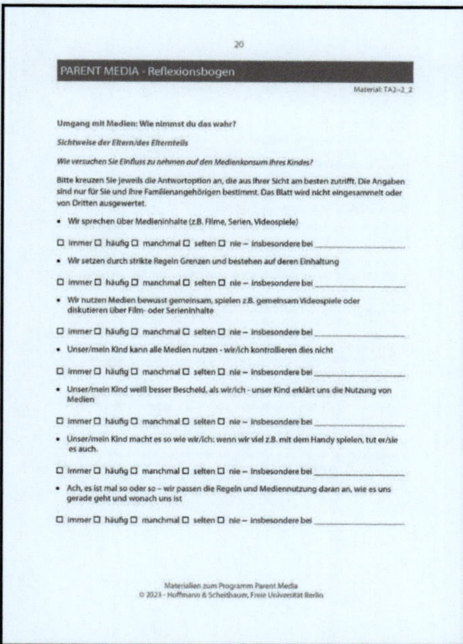

20

PARENT MEDIA - Reflexionsbogen

Material: TA2-2_2

Umgang mit Medien: Wie nimmst du das wahr?

Sichtweise der Eltern/des Elternteils

Wie versuchen Sie Einfluss zu nehmen auf den Medienkonsum ihres Kindes?

Bitte kreuzen Sie jeweils die Antwortoption an, die aus Ihrer Sicht am besten zutrifft. Die Angaben sind nur für Sie und Ihre Familienangehörigen bestimmt. Das Blatt wird nicht eingesammelt oder von Dritten ausgewertet.

- Wir sprechen über Medieninhalte (z.B. Filme, Serien, Videospiele)

☐ immer ☐ häufig ☐ manchmal ☐ selten ☐ nie – insbesondere bei ____________

- Wir setzen durch strikte Regeln Grenzen und bestehen auf deren Einhaltung

☐ immer ☐ häufig ☐ manchmal ☐ selten ☐ nie – insbesondere bei ____________

- Wir nutzen Medien bewusst gemeinsam, spielen z.B. gemeinsam Videospiele oder diskutieren über Film- oder Serieninhalte

☐ immer ☐ häufig ☐ manchmal ☐ selten ☐ nie – insbesondere bei ____________

- Unser/mein Kind kann alle Medien nutzen - wir/ich kontrollieren dies nicht

☐ immer ☐ häufig ☐ manchmal ☐ selten ☐ nie – insbesondere bei ____________

- Unser/mein Kind weiß besser Bescheid, als wir/ich - unser Kind erklärt uns die Nutzung von Medien

☐ immer ☐ häufig ☐ manchmal ☐ selten ☐ nie – insbesondere bei ____________

- Unser/mein Kind macht es so wie wir/ich: wenn wir viel z.B. mit dem Handy spielen, tut er/sie es auch.

☐ immer ☐ häufig ☐ manchmal ☐ selten ☐ nie – insbesondere bei ____________

- Ach, es ist mal so oder so – wir passen die Regeln und Mediennutzung daran an, wie es uns gerade geht und wonach uns ist

☐ immer ☐ häufig ☐ manchmal ☐ selten ☐ nie – insbesondere bei ____________

Materialien zum Programm Parent Media
© 2023 - Hoffmann & Scheithauer, Freie Universität Berlin

TA2-2_2: Reflexionsbogen: Umgang mit Medien

22

PARENT MEDIA - Markierungen und Szenario-Karten Meinungslinie 2

Material: TA2-2_10

Geht gar nicht!

Das ist super!

Materialien zum Programm Parent Media
© 2023 - Hoffmann & Scheithauer, Freie Universität Berlin

TA2-2_10: Szenariokarten Meinungslinie TA2

26

PARENT MEDIA - Zielvereinbarungen

Material: TA2–2_11

Zielvereinbarung zum Umgang mit Medien in der Familie

Das Ausformulieren von gemeinsamen Zielen hilft dabei, einen familiären Umgang mit Medien umzusetzen, bei dem die Bedürfnisse aller Beteiligten berücksichtigt werden. Dieses Blatt hilft dabei, von Wünschen zu konkreten Zielen zu gelangen und diese für alle nachvollziehbar festzuhalten.

Schritt 1: Wer wünscht sich was?

Ich ________ (Kind/ Jugendliche*r) wünsche mir zum Umgang mit Medien in der Familie, dass:

(z.B. … meine Zeit am Computer selber einteilen darf.)

Den Grund für die Bedürfnisse anzugeben, hilft den Eltern dabei, zu verstehen, worum es dir geht.

Das wünsche ich mir, weil:

(z.B.: … manche Dinge länger als eine Stunde brauchen und am Stück besser gehen. Manchmal brauche ich aber auch nur 10 Minuten.)

Ich / Wir ________________ (Eltern / Elternteil) wünsche(n) uns, dass:

(z.B. … du uns fragst, bevor du eine App oder ein Spiel auf dem Handy installierst.)

Materialien zum Programm Parent Media

TA2-2_11: Zielvereinbarung zum Umgang mit Medien in der Familie

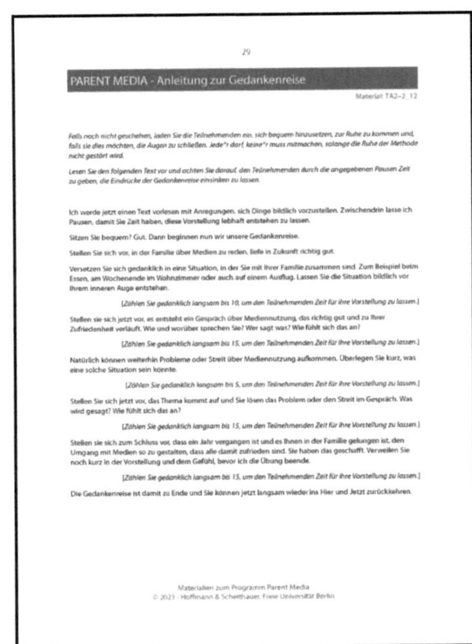

29

PARENT MEDIA - Anleitung zur Gedankenreise

Material: TA2–2_12

*Falls noch nicht geschehen, laden Sie die Teilnehmenden ein, sich bequem hinzusetzen, zur Ruhe zu kommen und, falls sie dies möchten, die Augen zu schließen. Jede*r darf, keine*r muss mitmachen, solange die Ruhe der Methode nicht gestört wird.*

Lesen Sie den folgenden Text vor und achten Sie darauf, den Teilnehmenden durch die angegebenen Pausen Zeit zu geben, die Eindrücke der Gedankenreise einsinken zu lassen.

Ich werde jetzt einen Text vorlesen mit Anregungen, sich Dinge bildlich vorzustellen. Zwischendrin lasse ich Pausen, damit Sie Zeit haben, diese Vorstellung lebhaft entstehen zu lassen.

Sitzen Sie bequem? Gut. Dann beginnen nun wir unsere Gedankenreise.

Stellen Sie sich vor, in der Familie über Medien zu reden, liefe in Zukunft richtig gut.

Versetzen Sie sich gedanklich in eine Situation, in der Sie mit Ihrer Familie zusammen sind. Zum Beispiel beim Essen, am Wochenende im Wohnzimmer oder auch auf einem Ausflug. Lassen Sie die Situation bildlich vor Ihrem inneren Auge entstehen.

[Zählen Sie gedanklich langsam bis 10, um den Teilnehmenden Zeit für ihre Vorstellung zu lassen.]

Stellen sie sich jetzt vor, es entsteht ein Gespräch über Mediennutzung, das richtig gut und zu Ihrer Zufriedenheit verläuft. Wie und worüber sprechen Sie? Wer sagt was? Wie fühlt sich das an?

[Zählen Sie gedanklich langsam bis 15, um den Teilnehmenden Zeit für ihre Vorstellung zu lassen.]

Natürlich können weiterhin Probleme oder Streit über Mediennutzung aufkommen. Überlegen Sie kurz, was eine solche Situation sein könnte.

[Zählen Sie gedanklich langsam bis 5, um den Teilnehmenden Zeit für ihre Vorstellung zu lassen.]

Stellen Sie sich jetzt vor, das Thema kommt auf und Sie lösen das Problem oder den Streit im Gespräch. Was wird gesagt? Wie fühlt sich das an?

[Zählen Sie gedanklich langsam bis 15, um den Teilnehmenden Zeit für ihre Vorstellung zu lassen.]

Stellen sie sich zum Schluss vor, dass ein Jahr vergangen ist und es Ihnen in der Familie gelungen ist, den Umgang mit Medien so zu gestalten, dass alle damit zufrieden sind. Sie haben das geschafft. Verweilen Sie noch kurz in der Vorstellung und dem Gefühl, bevor ich die Übung beende.

[Zählen Sie gedanklich langsam bis 15, um den Teilnehmenden Zeit für ihre Vorstellung zu lassen.]

Die Gedankenreise ist damit zu Ende und Sie können jetzt langsam wieder ins Hier und Jetzt zurückkehren.

Materialien zum Programm Parent Media

TA2-2_12: Anleitung zur Gedankenreise

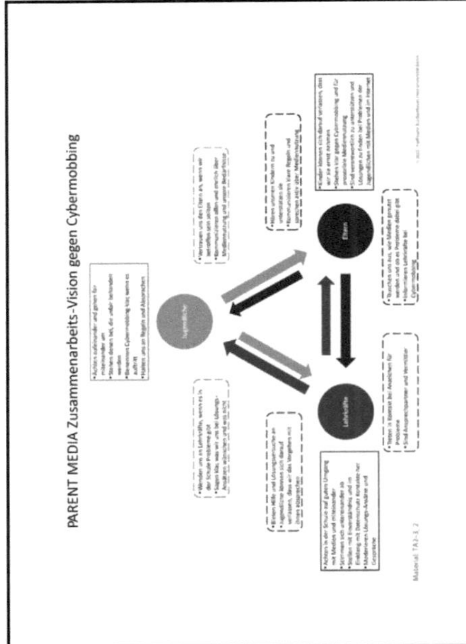

TA2-3_2: Zusammenarbeitsvision

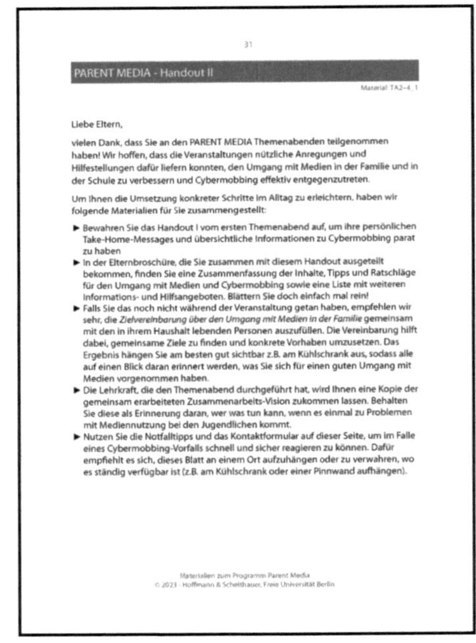

31

PARENT MEDIA - Handout II

Material: TA2–4_1

Liebe Eltern,

vielen Dank, dass Sie an den PARENT MEDIA Themenabenden teilgenommen haben! Wir hoffen, dass die Veranstaltungen nützliche Anregungen und Hilfestellungen dafür liefern konnten, den Umgang mit Medien in der Familie und in der Schule zu verbessern und Cybermobbing effektiv entgegenzutreten.

Um Ihnen die Umsetzung konkreter Schritte im Alltag zu erleichtern, haben wir folgende Materialien für Sie zusammengestellt:

- Bewahren Sie das Handout I vom ersten Themenabend auf, um ihre persönlichen Take-Home-Messages und übersichtliche Informationen zu Cybermobbing parat zu haben
- In der Elternbroschüre, die Sie zusammen mit diesem Handout ausgeteilt bekommen, finden Sie eine Zusammenfassung der Inhalte, Tipps und Ratschläge für den Umgang mit Medien und Cybermobbing sowie eine Liste mit weiteren Informations- und Hilfsangeboten. Blättern Sie doch einfach mal rein!
- Falls Sie das noch nicht während der Veranstaltung getan haben, empfehlen wir sehr, die *Zielvereinbarung über den Umgang mit Medien in der Familie* gemeinsam mit den in ihrem Haushalt lebenden Personen auszufüllen. Die Vereinbarung hilft dabei, gemeinsame Ziele zu finden und konkrete Vorhaben umzusetzen. Das Ergebnis hängen Sie am besten gut sichtbar z.B. am Kühlschrank aus, sodass alle auf einen Blick daran erinnert werden, was Sie sich für einen guten Umgang mit Medien vorgenommen haben.
- Die Lehrkraft, die den Themenabend durchgeführt hat, wird Ihnen eine Kopie der gemeinsam erarbeiteten Zusammenarbeits-Vision zukommen lassen. Behalten Sie diese als Erinnerung daran, wer was tun kann, wenn es einmal zu Problemen mit Mediennutzung bei den Jugendlichen kommt.
- Nutzen Sie die Notfalltipps und das Kontaktformular auf dieser Seite, um im Falle eines Cybermobbing-Vorfalls schnell und sicher reagieren zu können. Dafür empfiehlt es sich, dieses Blatt an einem Ort aufzuhängen oder zu verwahren, wo es ständig verfügbar ist (z.B. am Kühlschrank oder einer Pinnwand aufhängen).

Materialien zum Programm Parent Media

TA2-4_1: Handout II

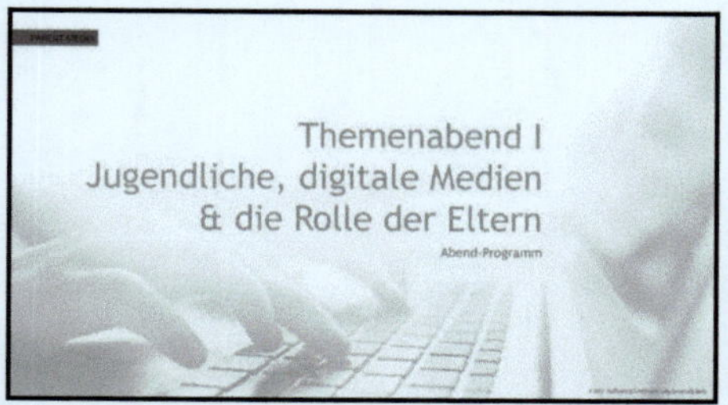

Themenabend I – TA1-1_1

Jugendliche und digitale Medien – TA1-2_4

Elterliche Verantwortung im digitalen Raum – TA1-3_1

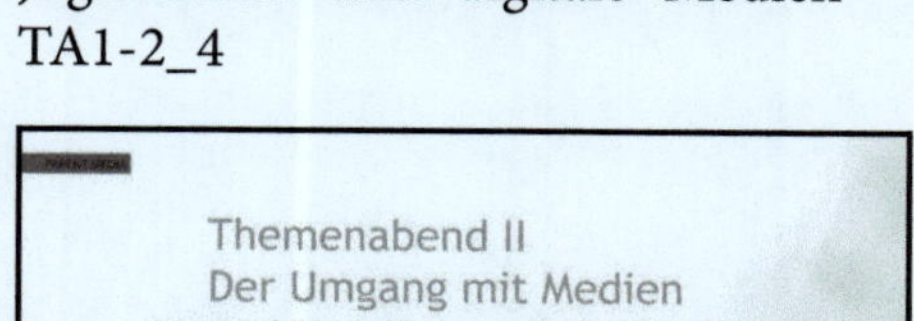

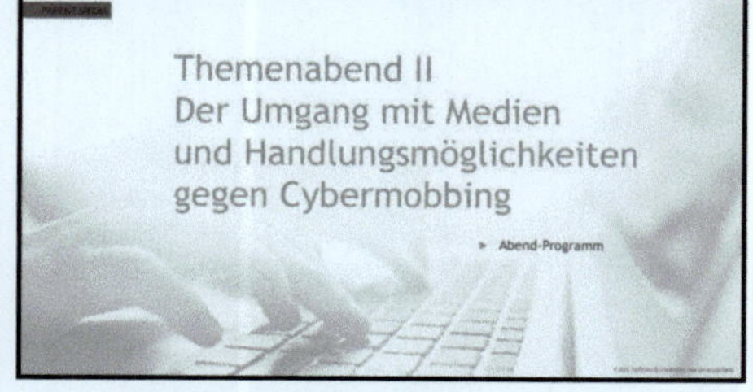

Themenabend 2 – TA2-1_1

Kurze Wiederholung – TA2-1_2

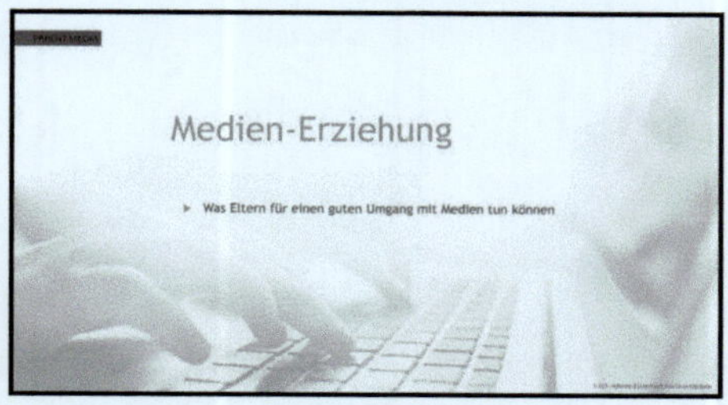

Medienerziehung - TA2-2_1

Was tun bei Cybermobbing? – TA2-3_1

► Die Abgedruckten Miniaturen stellen einen Auszug aus den jeweiligen Materialien dar und dienen der Übersicht. Die vollständigen Materialien finden Sie zum Download unter **www.medienhelden.info/parentmedia**